解密新保险

从人海战术到物联网金融

连子智 ○ 著

电子工业出版社
Publishing House of Electronics Industry
北京·BEIJING

前　言

碎片化，是这个时代的代名词，更是每个人的生活方式；碎片化，让人失去耐性，也让人充满焦虑。

将完整信息碎片化，并让每个人都可以利用自己的碎片化时间复原完整信息，是我撰写本书的初衷。

读完本书，你也许并不能成为金融保险专家，也不会成为技术大咖，但我期待你对眼前正在发生的科技对金融保险的创新和变革的影响有所了解，明白二者之间的关联性，懂得如何去面对创新和考虑创业。

本书内容融合了我个人近30年从事金融保险的多元创新经验，包括近十年来接受的互联网金融和金融科技的教育。所有资料来自我的笔记手稿、脸书粉丝专页，以及朋友、同事带给我的诸多启发与指导。

其中，对于很多问题，我没有给出答案，也给不了答案，只提供方法和建议，希望可以帮助大家思考适合自己的方案。我觉得，面对快速发展的金融科技的蓝海，斩钉截铁做出的判断都是套路。

回顾过去，从2012年互联网金融开始，紧接着2015年金融科技兴起，每当看到科技要颠覆金融保险的论调时，我便有写点儿什么的冲动。不是为了捍卫金融保险，更不是为了反驳，而是想从金融保险的角度，从行业应用和客户需求的角度，来反观科技的价值。

金融与科技这二者之间存在先天的"DNA"差异，长期以来缺少"对话"。我觉得只有先解决这个问题，科技和金融保险才能更好地融合，进而建立共存共荣的"新生态"。

所以，这应该不是谁颠覆谁的问句，而是二者的"DNA"能不能很好地融合，且在融合之后产生什么样的"新生态"的感叹句。融合，是互联网金融、金融科技的核心，也是眼前最难以逾越的障碍之一。

推动融合，是我撰写本书的第一个动机。

已经有太多案例表明，没有市场、不能解决痛点的创新，既没有价值，也难以存续，更别说去创造需求了。

创新的过程，就是探索和试错。本书呈现的是探索式的模型，注重的是实用，而非理论的完美。如果你对互联网金融和金融科技还没有概念，那么本书或许可以成为你的入门参考书；如果你已经有概念甚至是业内人士，那么本书所分享的经验和方法，或许对你也有参考价值。

探索创新，是我撰写本书的第二个动机。

伴随着融合与创新，金融科技正在全球掀起如雨后春笋般的创业风潮。以解决痛点为诉求，科技创新正在加速解构传统金融价值链，而长期以来传统金融业赖以生存的"护城河"，也早已被跨界的新商业模式所突破。

面对已经到来的数字世界，"普惠"和"共享"正把我们带向对未来的另一种憧憬。传统监管受到挑战，一个个新创公司在全球各地"拔地而起"。

创新的金融保险产品，不断被嵌入越来越多的碎片化场景中；各种利用科技赋能的解决方案，支持传统保险业进入可持续发展的未来。

学习创业，是我撰写本书的第三个动机。

在撰写本书的过程中，我经常在几个感受间徘徊：

一是瞬息万变。经常有前一稿刚刚完成，但原来的政策已经改变，内容需要调整的情况。例如，自驾车取得商用执照、欧盟实施金融数据开放等。

二是内容多元。在撰写本书的时候，有个问题不断浮现：面对五花八门、创意无限的新科技，我要告诉读者什么？专注、取舍、传达，同时兼顾宏观与微观，平衡理论和实务，都是挑战。

三是因地制宜。我服务过金融保险行业，也涉足过互联网科技，具有近30年的工作经验。我希望本书可以成为金融和科技之间的桥梁，从而使二者顺利跨界融合。

数字金融保险有三个阶段：第一阶段和第二阶段是目前比较清楚的；至于第三阶段，是我个人的判断，在这里提出，供大家参考。

第一阶段是把互联网当成工具，是金融保险互联网化，也是互联网为金融保险赋能的阶段；第二阶段是互联网金融保险，在这个阶段，创新的产品、营销方式和商业模式陆续出现，包括碎片化和场景化的应用；第三阶段是物联网金融保险，到了万物联网时代，在数据驱动下的金融保险有望完全数字化。

在2C（to Consumer，面向客户）市场，客户可以运用数据按需定制，而随选型和账户型产品可以帮公司进入更加广阔、多元的市场，5G商业化更将加速物联网的发展。

因此，三个动机、三个感受、三个阶段，构成本书的方向、原则、脉络。

本书共九章，我试着从不同角度分析科技对金融保险的影响。

全书各个章节都以应用、案例、经验分享为主，不涉及很难理解的技术和理论。如果没有市场和应用场景，那么再好的技术也没有意义。

希望本书中有一句话、一件事对你有所触动和影响，那是我最想看到的结果。

连子智

推荐序 1

数月前，子智和我提起他写了一本新书，内容包括他个人过去的经验分享，以及对科技保险和保险科技的未来憧憬，并约我作序。

子智擅长多元创新。从最早的电销到后来的互联网销售和第三方平台，从事金融保险近 30 年来，他都在前沿尝试并有所突破，始终固守着自己的坚持与定力。我想他写的书应该很值得一读，便答应为他的新著作序。

子智用"三个动机、三个感受、三个阶段"构成本书的方向、原则、脉络。有三点读后印象：

印象一，解密保险，探索保险未来。 作者撰写本书的"三个动机"是"推动融合、探索创新和学习创业"，是从金融保险的角度看待问题的本质并寻找解决方案，这和现在市面常看到的金融科技的著作有明显不同。

从书中的经验分享和案例介绍中可以看出，金融科技和科技金融的规划与执行是反复更新迭代的，直到找出最佳结论和结果，这点我十分认同。

在第 1 章"保险进化"中，作者告诉读者科技正在改变及如何改变这个时代；第 2 章 "商业模式" 和第 3 章 "创新与创业"，则是让读者看到因为科技，整个社会正迎来金融业大众创业、万众创新的机遇。通过这样的布局逻辑，他要告诉读者的是：保险科技的本质是金融保险，唯有把握本质，才能去探索保险的未来。

印象二，普惠保险，让保障无处不在。 作者提到的 "三个感受" 是 "瞬息万变、内容多元、因地制宜"，从应用层和解决痛点的角度看待价值体现。他反对哗众取宠、追求吸引眼球却无太多意义的创新和创意，鼓励以追求实实在在、为企业拓展边界和创造竞争利基的蓝海商机为目的。

我认可这样的观点，这实则是以长尾为目标、以保险普惠的方式，让保险得以服务千家万户、无处不在。

从第 4 章到第 6 章，作者提出以创新为策略而不是以创新为目的，从不同层面深入探讨这些问题并提出许多新观点。例如，第 5 章 "市场与竞争" 的互联网保险公司和开放银行等，第 6 章 "经营与管理" 的保险融资、保险社群、账户经济，这些都让我印象深刻。

印象三，极致保险，让生活更美好。 根据作者的观察研究，数字金融保险分为 "三个阶段"。

作者认为，此时若能开始思索如何将保险嵌入各种智能联网设备中，未来将是一个让人憧憬的保险未来世界。

从第 7 章到第 9 章，我们可以看到作者不仅提出观念和想法，例如物联网的主战场，以及新技术对价值链解构和重构的影响，而且讲究落地方法，例如物联网平台战略和策略选择。

在金融保险业，科技趋势不可阻拦，历史无法重来，起步慢了纵有遗憾，若能奋起直追也为时未晚。对于金融保险业的朋友来说，什么才是适合自己的未来发展之路？以解密保险为始，以普惠保险为用，以极致保险为终，本书方能给你带来许多启发。

阳光保险集团董事长　张维功

推荐序 2

资本市场一直有一个争议：到底是保险人还是互联网人更能引领保险科技的创新。后来大家达成一致，保险人应该负责专业和风控，互联网人负责产品和运营。

本书作者连子智先生就是这样一位保险人，他纵横保险行业近30年，先是将电销引入保险市场，随后加盟泰康在线，始终"战斗"在保险创新领域的最前沿。

作为一位不断探索的创业者，连子智先生无疑是令我尊敬的前辈。这些年来，我读过无数的文章，或来自媒体，或来自局外的评论家，总觉得是隔靴搔痒，雾里看花。而本书的出版恰逢其时，前一本保险人必读之书是《迷失的盛宴》，断章于2014年，本书恰好可以为续。

2014年之后保险江湖是个"乱世"，一边是互联网激进者叫嚣着"颠覆"，另一边是传统保险人"敝帚自珍"。作者在本书中鲜明地提出金融与科技"融合"的立场。

对于创新事业，我厌弃"评论家的文章"，更喜欢"运动员的体悟"。但本书更为可贵之处在于没有只言片语的经历自述，而是高度的抽离，将亲历者之身和旁观者视角合二为一，将宏观格局和微观体会融合。这样的文风，只有了解了作者的动机才能明白，"推动融合""探索创新""学习创业"是成书之因。所以我在未读之前便猜到以下几件事：

一、连子智先生要准备创业了。

二、本书是行前指南。

三、书中必然包含案例、数据、模型、趋势研判、实用理论、"内功心法"。

一气读罢，猜测不差。对于在保险公司谋职的人，这是一部创新百科，足以拓宽视野；对于准备创业的人，这是一份地图，可以按图索骥；对于局内人，这是一枚"补血灵丹"，可以对平时无暇总结的问题进行反思。

"没有必胜法则，谁都可能失败，关键是审时度势，跳出框架，坚守本质，营销趋势的变革没有答案，只有方案。"

大道至简，对于作者的观点，我不能赞同更多。

壁虎互助创始人　李海博

目 录

第 1 章 保险进化

1.1 保险进化中 /002
1.2 销售难度很高的金融产品 /005
1.3 重新定义风险 /008
1.4 我们在飞,还是在往下掉 /010
1.5 大数据时代寿险营销应有的思维 1 /012
1.6 大数据时代寿险营销应有的思维 2 /015
1.7 大数据时代寿险营销应有的思维 3 /018
1.8 大数据时代寿险营销应有的思维 4 /023

第 2 章 商业模式

2.1 唯一不变的就是改变 /028
2.2 面对新市场,评估商业模式的步骤 /030
2.3 平台就像月台 /033
2.4 打造"共享金融"商业模式 /036
2.5 更具挑战和价值的金融保险 O2O /039
2.6 从业务员角度看 O2O 是不是伪命题 /042
2.7 从"车险分"看平台战略——你是角色,还是摆设 /045
2.8 网电与电销在商业模式上的求同存异 /047

第 3 章　创新与创业

3.1　创新十要:"扫雷"装置和探测"雷达"　/052

3.2　扶植创新:一串难解的选择题　/056

3.3　天时者,机会、贵人、时势　/058

3.4　金融科技创新有四点坚持,但每个成功都 独一无二　/059

3.5　公司内创业:创业不是目的,是成就梦想的选择　/062

3.6　乐正绫、洛天依和初音未来,用创新抓住 历史机遇　/065

3.7　新创公司适合做 2C 保险平台吗　/068

3.8　网约车带来的启示:以终为始、面向未来　/070

第 4 章　营销与渠道

4.1　营销趋势大变革:没有最佳方案,只有比较合适的方案　/074

4.2　保险产品可以打折吗?　/078

4.3　价格战之前:能免则免　/079

4.4　价格战准备第 1 部分:为何而战　/081

4.5　价格战准备第 2 部分:以战止战　/083

4.6　电销发展史:从人机结合到科技赋能　/086

4.7　致合作伙伴:这是个互利赛局,不是谁占了 谁的便宜　/090

4.8　跨界竞争:两个平行世界在碰撞　/092

4.9　数据库营销:从产品导向到客户导向　/094

4.10　商机管理和营销漏斗　/098

第 5 章　市场与竞争

5.1　金融科技:一场资源战　/104

5.2　什么是互联网保险公司?　/105

5.3　金融科技动了谁的"奶酪"?　/109

5.4　从自动到自驾,自动驾驶将改变金融保险业　/111

5.5　第三方支付之变　/114

第 6 章　经营与管理

6.1　互联网金融的三个平台　/119

6.2　自动化　/120

6.3　你有多久没去邮局了　/122

6.4　免费的商业逻辑：我是有底线的　/123

6.5　没有需求便去创造需求，这句话只说了一半　/125

6.6　电销的"管理四箭"：掌控你的业务链和组合拳　/126

6.7　保险融资的经营与管理　/129

6.8　保险社群的经营与管理　/131

6.9　账户经济的经营与管理　/132

6.10　如何进行战略布局　/134

第 7 章　科技与金融

7.1　残酷的金融科技之战　/139

7.2　金融科技的跨界融合　/141

7.3　扑面而来的新科技　/143

7.4　两大硬伤　/146

7.5　科技电销：从"剩下"到"胜出"　/149

7.6　区块链是"区块"+"链"吗　/152

7.7　一只长了翅膀在天上飞的猪　/156

7.8　监管科技的未来　/159

7.9　保险科技案例　/161

第 8 章　保险未来

8.1　物联网的主战场在场景、数据、应用和服务　/168

8.2　物联网世界的新竞争版图　/170

8.3　车联网保险　/173

8.4　物联网的平台战略　/177

8.5　面对物联网世界，金融保险公司的策略选择 1　/179

8.6　面对物联网世界，金融保险公司的策略选择 2　/182

8.7　面对物联网世界，金融保险公司的策略选择 3　/185

8.8　万物联网时代，金融保险业如何华丽转身？第 1 部分　/188

8.9　万物联网时代，金融保险业如何华丽转身？第 2 部分　/190

第 9 章　大数据与客户

9.1　什么是大数据　/194

9.2　大数据技术下的解构与重构　/196

9.3　"新财富"之争　/198

9.4　数据科学家的挑战不是技术，而是沟通　/199

9.5　数据流的管理　/201

9.6　给客户打标签——客户分类与分级　/204

9.7　有温度的客户管理　/206

9.8　触动人心的服务体验　/208

第1章
保险进化

本章从保险的"进化"开始介绍数字金融保险的三个阶段:"1.0 金融保险互联网化""2.0 互联网金融保险""3.0 物联网金融保险"。

在金融各个领域之中,保险的难度应该是很大的,包括面向市场的销售难度及从传统保险向新保险转变的难度。本章聚焦保险从业者,特别是业务员,希望能为他们提供一些建议和帮助。

1.1　保险进化中

科技对保险的重要影响体现在行业演化趋势、公司经营模式、客户体验方式等方面。保险正在进化中,并且进化速度会越来越快。

未来,将是一个"保险+"的时代,在科技的助力下,保险将无处不在。科技不但为金融保险业赋能,更孕育未来的数字蓝海市场。保险与科技相结合,无论保险科技还是科技保险,其价值都会更加突出。

传统的保险产品由保险公司的产品部门通过市场调查研究,根据过往经验判断"客户可能有什么样的需求"来设计和开发，然后再通过不同渠道向客户推荐、销售。在渠道的影响下，客户往往只能在仅有的保险产品中进行选择，而且还会受到期限、缴费频率、缴费金额等多个方面的限制。

之所以会有这些限制，原因有很多，但最主要的原因是传统保险产品的设计思维僵化及渠道和信息不透明。不可否认，过去的保险产品复杂难懂，客户在购买的时候经常一头雾水，也确实造成了不少消费争议。

以上这些情况，便是日后理赔纠纷的导火线，也是早期保险为人诟病的主要原因。

前面已经说过，数字金融保险有三个阶段，目前正在从"1.0"迈向"2.0"和"3.0"，如图1-1所示。

1.0 金融保险互联网化	2.0 互联网金融保险	3.0 物联网金融保险
• 赋能 • 以效益提升为目的的系统和流程优化 • 发展移动应用，提升效能 • 发展线上线下合作，提升产能	• 碎片化+场景化 • 云平台、共享经济、API金融 • 第三方支付 • 账户型保险、体验式保险	• 物联网+大数据 • 人工智能、区域链 • 智能家居、智能汽车、可穿戴设备 • 车联网保险、随选型保险

图 1-1　数字金融保险的三个阶段

随着互联网的发展，保险销售逐渐由线下转至线上，客户可以通过移动设备上的 App 获取保险产品的信息，并在线上完成购买。这是 1.0 金融保险互联网化阶段。

互联网创造了许多场景，即客户会购买保险产品的特定时空环境。在"2.0 互联网金融保险"阶段，互联网将为金融保险业带来基于碎片化和场景化的多元创新。而随着云平台、共享经济的兴起，账户型保险和体验式保险将成为最有希望嵌入场景中的两种保险。

物联网的发展为大数据、人工智能、远程通信等提供了许多新机会，同时出现了诸如智能家居、可穿戴设备这样的新市场。所以，当保险业走向"3.0 物联网金融保险"阶段时，这些新机会和新市场将使得保险产品的创新更上一层楼。

数字金融保险的三个阶段，将随着技术的发展，快速向前演进。面对这些变化与创新，我们应该考虑的不是"想不想、要不要"的问题，而是"什么时候创新、来不来得及创新"的问题。

对于惧怕改变、漠视创新的现象，马云有一句名言："很多人输就输在对于新兴事物，第一看不见，第二看不起，第三看不懂，第四来不及（应对）。"

本节思考重点

1. 你怎么看待数字金融保险的三个阶段："1.0 金融保险互联网化""2.0 互联网金融保险""3.0 物联网金融保险"？目前，你处于哪一阶段？

2. 你认为金融保险进化的根源是什么？为什么？

1.2 销售难度很高的金融产品

保险应该是销售难度很高的金融产品吧！为什么这么说呢？我从一些保险指标来说明这个问题。

保险深度（反映保险业在国民经济中的地位，即保费收入/国内生产总值）和保险密度（反映国民保险保障的程度，即保费收入/总人口）是较为常用的衡量保险业成熟度的指标，但其局限性在于这两项指标在计算时，并未考虑产品和保障程度的不同，而是将所有保费一并计算在内。

如图 1-2 所示，2017 年中国的保费收入超越日本，达 5414 亿美元，全球排名第二。要了解国民的保障程度，人均保单张数、单均保额、人均保额这三项指标更有说服力。人均保单张数可用来衡量保险真实的渗透率情况，而单均保额和人均保额也是衡量保险发展空间的直接指标。

年度	保费收入		保险密度		保险深度	
2017年	亿美元	排名	美元	排名	%	排名
美国	13771	1	4216	11	7.1	18
中国	5414	2	384	45	4.57	36
日本	4221	3	3312	17	8.59	11
英国	2833	4	3810	12	9.58	8
法国	2416	5	3446	15	8.95	10

图 1-2 2017 年部分国家保费收入、保险密度、保险深度排名情况

2017年，公开数据显示，中国的寿险保单持有人数只占总人口的8%，人均保单张数只有0.13张。从投保率看，美国的投保率是420%，即每个人拥有4.2张保单；日本的投保率高达650%，即每个人拥有6.5张保单。如果从有效保单角度看，中国投保人人均拥有寿险保单1.5张，人均保额为5.14万元，张均保额为3.95万元。

这些数据说明，尽管中国保费收入已走在世界前列，但人均投保单数仍然很少，人均保额也较低。中国近年不断倡导"保险姓保"理念，强调保障是根本，并希望利用保险为亿万家庭保驾护航。但要达到这个目标，研究如何克服保险的销售障碍是很有必要的。

要提升保障额度，需要多销售期限长、保障型的保险。这时，相信很多人会同意"保险是销售难度很高的产品"这个说法。原因很简单，保险卖的是"责任"，买的是"信任"；保险是无形产品，也是一份长期承诺。

实际上，与其说保险是"非刚需"的金融产品，倒不如称它为"隐性的刚需"。

长期以来，保险业重视渠道和业务胜过客户和服务。如今，在"保险姓保"的理念影响下，保险业必将更加重视客户和服务。因为唯有了解客户，才能为其提供风险保障。

此外，服务不仅可以和产品取长补短，而且还能够带动销售。在保险业，若服务的场景能够得到进一步延伸，那么民众的保障需求就更容易被触发。

面对销售难度很高的保险产品，我们应该如何进行营销呢？

1. 从"延伸领域、增值服务"中寻找亮点，引发兴趣，刺激需求。

2. 从"赚钱、省钱、优质服务"中寻找亮点，并进行"包装"。

3. 以"积分"为工具，与第三方的生活积分互通，客户可兑换免费的赠品，包括之前购买的保险产品。

4. 引入"时间轴"，保额随时间自动累加到个人账户。

5. 整合资源，跨领域营销，并以O2O（Online to Offline，线上到线下）或网电模式落地。

6. 从利用客户的"碎片化时间"着手，寻找场景。

7. 寻找"入口"，先进入客户的"脑袋"，再进入客户的"口袋"。

当然，我还有很多想法和建议，主要收录在本书第4章"营销与渠道"里，请读者自行参阅。

归根结底，最重要的是找对方法，让无形产品可视化，让无法体验的产品可体验，通过反复接触增强客户黏性，来解决保险的"非刚需"硬伤，把保险产品转变为贴近客户需求的金融产品。

本节思考重点

1. 为什么保险的落脚点要在客户和服务上？
2. 为什么保险销售如此困难？如何克服呢？

1.3 重新定义风险

本节希望以"重新定义风险"来说明如何解决保险产品创新遇到的障碍,也为非保险业从业者提供参考。

长期以来,保险公司一方面认为人是无价的,另一方面用自己的游戏规则去定义人的价值,赋予一种价格,这不是矛盾吗?但如果我们深入分析身价,那么我们或许可以解决这个矛盾。

身价可以累积吗?为什么可以累积?又为什么不可以累积?我认为人的身价可以累积,因为人有两种身价。一种是"理想身价、目标身价、自定义身价",即客户的"期望身价";另一种是"现实身价、目前身价、被定义身价",即保险公司所定义和给予的"核保身价"。

可以累积的身价,不是"期望身价",而是"核保身价",因为后者能够随购买的保险的增加而累积。既然身价可以累积,那么如何累积?一般有两种方法。

第一种方法:保险公司和外部平台合作。

以平台大数据为依据,平台对客户(被保险人、保障对象)的状况与条件进行"事前核保",邀请客户加入保障计划。每个"被定义身价",即客户的"核保身价",可以随时间以碎片化的方式累积。

这种方法可以解决"从投保当天开始保额累积和唯一等待期"

的问题。也就是说，每次当保额随保费投入增加时，等待期便可以不重新计算。

采用这种方法的保险产品，"后续多长时间"和"可增加多少保额"是必须重新考虑的两个关键问题，这是"时间轴计划"下的新风险点。

第二种方法：保险公司不和外部平台合作。

若没有平台大数据的支持，那就要采取迂回的方式，例如通过客户的"期望身价"去匹配符合保险公司所要求的"核保身价"。

这种方法具体来说就是通过提前设计好的"体验式问卷"，要求客户提供更多个人资料，让保险公司对其做出"核保身价"的决策。因为核保规则与承保的自动化，未来做出此类决策的很可能会是机器人。

什么是"体验式问卷"？简单来说就是以大数据为基础，用生活化的提问来达到收集信息的目的。

例如，不直接询问客户的病史和健康状况，而是去了解他的生活作息：几点起床？几点睡觉？是否定期服用维生素？喜欢哪种休闲娱乐活动？是否有男女朋友……

对于蓝海的探索，"再保险"是一种分散风险的做法，至于实施与否，一方面要看保险公司能否接受新观念，另一方面保险公司要考虑保单额度是否仍受制于"再保险"。

无论什么时候，我们都不要试图用老方法去解决新问题，而是要通过重新定义问题，改变固有的做事方法和习惯来寻找答案，这样才能有所突破。

本节思考重点

重新定义风险的意义，便是重新去定义业务和产品，思考过去的方法适不适合现在，思考你能不能抓住未来的机会。

1.4 我们在飞，还是在往下掉

"看！我们在飞！"

"不，我们没有在飞，只是在优雅地……往下掉！"

这是电影《玩具总动员》里的对话，我用它来形容今天所见的传统渠道的业务员，特别是保险业务员。

几年前，我曾和一位保险业大咖一同就餐，他说道，面对这几年互联网带来的冲击及其对日后的影响，保险业务员充满疑虑。当时，我深有感触。

我想，出现这种情况的主要原因是移动互联网快速发展，智能手机进入人们的日常生活中，这些智能手机用户正是保险业务员希望争取和留住的目标客户。然而，保险业务员现在所接受的教育和训练，所用的技巧和方法，都还是停留在过去。他们往往并不清楚互联网会带来哪些改变，也不知道如何利用互联网去寻找并服务自己的客户。

以上种种既是痛点，也是商机。和我们过去所经历的静态的、沉淀式的改变不同，如今科技所带来的改变是动态的、进行式的。

为什么是动态的、进行式的改变？

当 2G 向 3G 迈进时，各种各样的 App 开始出现，生活也变得越来越便利；当 4G 出现以后，移动商务逐渐取代电子商务，手机、平板电脑成为主要的购物设备。通过移动设备，公司可以获取海量的动态数据并能够加以分析和利用，这不仅推动了物联网的应用与发展，还促进了人工智能的应用落地。2019 年，5G 的商用让我们离虚拟现实、自动驾驶、智能医疗、智能家庭更近了一步。

这些动态的、进行式的改变，影响的不仅仅是专家学者或特定领域的少部分人，而是社会上的每个人。大家都是参与者，也是受惠者和传播者。

其实，历史上任何一次变革都会带来新机会，变革是公司弯道超车、个人趁势而起的契机。

我们究竟是在飞，还是在往下掉，取决于采取什么行动。

本节思考重点

1. 互联网取代中介，各行各业的业务员将受到冲击，业务员应该如何武装自己？

2. 即使不是业务员，人工智能一样可能取代"你的工作"，但绝不可能取代"你"。未来，人机协作可能是你的出路。

1.5 大数据时代寿险营销应有的思维 1

知己知彼——金融科技

身为保险业从业者,对于什么是互联网金融,要有基本的认识。当我们习惯性地从保险的角度看互联网时,不妨试着换个角度,不再把互联网只看成渠道,而是从互联网的角度看保险,看它正在如何影响、改变保险的生态。

或许你会发现,传统金融保险业正面临一场危机,并且这样的趋势在过去的一两年内变得越来越明显。

保险行业协会某高管在拜访保险公司的时候曾经说过:"对于互联网金融,'敌人'不在行业内,但如果现在不重视,那么很可能将来保险业会'寸草不生',因为金融科技的打击面大,'杀伤力'也大。"

我们可以想一想,什么东西正在消失?金融科技可能淘汰哪些行业、职能及角色?下面为某专业机构的预测。

1. 去中介化,业务员的专业水平变得更加重要。

2. 与客户相关的数据将成为保险公司的致胜关键。

3. 数据将对保险公司的组织变革和精准营销产生重要作用。

4. 金融业被金融科技解构,细分为不同的领域,跨界竞争开始。

5. 数字金融正以跨平台、跨国界、跨产业、跨虚实的方式进行整合竞争。

那么，什么又正在发生？最明显的就是寿险业务员面临的市场和客户与之前有很大不同。新的客户属于"互联网原生代"，互联网对他们的影响十分深刻，他们会通过互联网分享、交友、购物，这在过去是难以想象的。

同时，新的生态和商业模式正在出现，例如，场景化、碎片化等模式正在改变传统经济。

如今，"互联网+"战略已经上升到国家战略层面，借助政策红利，金融保险业正加大对互联网发展的投入，而金融科技也正在改变传统保险业。

何谓金融科技？从表面上看它是金融和科技的合成词，但其实是利用新的技术来提供或优化传统金融服务。目前，致力于发展这项业务的多半是新创公司。

按照世界经济论坛的界定，金融科技涵盖六大领域，分别是支付、保险、存贷、众筹、财富管理、市场信息提供。大家比较熟悉的应用有第三方支付（支付宝）、众筹（轻松筹、腾讯公益）、互联网保险（众安保险）、虚拟货币（比特币）等。

另外，针对金融科技创新，世界经济论坛在2015年6月还提出了六项发现，具体如下：

- 促进传统金融业转变；
- 从那些令客户不满的地方开始转变；

- 以平台化、大数据、轻资产为主；

- 传统金融业采取"既对抗又合作"策略；

- 监管、传统金融、新金融共同面对新的风险；

- 银行业最先受到冲击，但保险业将受到最大的影响。

过去，客户的权益不受重视，但金融科技的出现将一切打破，保险业的很多领域也开始受到影响。

一直以来，金融保险产品有两大硬伤，一是缺少刚性需求，二是缺少客户黏性。在很长一段时间内，这两大硬伤都影响着金融保险业的发展。

另外，因为信息不对称、不透明，所以客户的权益和感受通常不是首先被考虑的，但是金融科技的出现让一切都变得不一样了。

保险的创新大多来自科技领域的跨界，例如共享经济、自动驾驶、物联网等。这些新事物改变了客户面临的风险，评估风险的方法也随之发生改变。

一方面，创新使保险业的传统价值链发生解构，价值链上的产品和服务可以由多个新的产业共同提供；另一方面，更加互联的世界将创造新的价值主张，改变保险业赋予客户的传统价值。

于是，保险业开始发生变革。其中，价值链解构和保险串接装置很可能会对产品设计和营销推广产生极为深刻的影响。

什么是价值链解构和保险串接装置？对客户和渠道可能会产生什么影响？我们将在下节介绍。

本节思考重点

1. 除了文中所述,你还看到什么东西正在消失?
2. 除了文中所述,你还看到哪些事情正在发生?
3. 什么是金融科技?

1.6 大数据时代寿险营销应有的思维 2

知己知彼——价值链解构、保险串接装置

前文已经介绍过,在金融科技的影响下,保险的产品设计和营销推广将产生两大变革:价值链解构和保险串接装置,如图 1-3 所示。

图 1-3 价值链解构和保险串接装置

通过图 1-3 可知，价值链解构的核心是客户，与寿险营销有关的两个关键趋势是第三方平台、共享经济；保险串接装置的核心是数据，与寿险营销有关的两个关键趋势是可穿戴设备、物联网。

如今，我们看到的创新，包括模式创新、营销创新、产品创新，这些创新都是围绕这两大变革产生的。并且，这两大变革不是割裂的存在，它们彼此之间互相影响，也互为因果。

1. 价值链解构

价值链解构主要着眼于客户和客户关系的改变。保险的价值链包括从售前、售中到售后，从产品开发到理赔服务，再到准备金提取、再保、投资管理等各个环节。

过去，价值链是"一条龙"；现在，互联网金融是"每人吃一小块"。而金融科技迟早会把金融业不合理收费的地方、没有效率的地方、信息不透明的地方都淘汰掉。

可以说，金融业被解构已经是无法逆转的趋势，出现该趋势的主要原因是"客户自主"。请注意，这里是自主而不是自助，这两者有本质差异。

自主是由客户决定做什么、不做什么、什么时候做、怎么做；自助仅仅是一种服务形式。

"客户自主"代表"我的时代"已经来临，客户拿回了选择权，可以不再受制于公司和渠道。

价值链解构的关键词是客户、客户关系、渠道、共享经济、业务多元化、小众市场等。

在渠道方面，第三方平台将迫使渠道和客户关系发生解构，这是因为客户的偏好发生改变，自主和自助的趋势已经开始，客户的忠诚度也在快速下降。

保险公司与外部第三方之间的合作越来越普遍，同时，越来越多的保险产品正在被碎片化、场景化、网络化。过去，客户购买保险的可选择路径不多，但现在传统经纪人和代理人正面临第三方平台等渠道的巨大挑战。

随着共享经济、社群经济等的兴起，客户面临的风险发生了改变。与此同时，核保的规则和承保的方式也与之前有了很大的不同。

在核保、承保方面，机会来自由共享经济带来的风险保障需求。大家不要以为共享经济只停留在网约车层面，它深入我们日常生活中的方方面面，例如短租房、用餐等。

创新的寿险产品可"嵌入"共享经济中。我过去所在的寿险公司早在2014年便开发了"打车险"，将意外保障与乘客的乘车行为、时间、地点初步结合，这是市场上较早的一次尝试。

2. 保险串接装置

保险串接装置以数据和远程通信为基础，其出现的主要原因是"客户场景"的涌现。以前，当保险公司通过渠道销售产品时，并没有"客户场景"这个概念；现在，随着"客户自主"的实现，客户拿回了选择权，各种生活化场景也因为金融科技的进步而不断涌现。

如何妥善利用"客户场景"，将成为保险业从业者必须思考和突破的问题。

保险串接装置的关键词是数据、智能、行动、生活、跨界、可穿戴设备、物联网等。

大数据是支持保险串接装置的关键技术，大数据可以让我们不再像过去那样，只靠经验或猜测做决策。所以有人说，少了大数据，其实和"盲人摸象"没什么区别。毋庸置疑,大数据已经进入我们的日常生活,只是大家可能还没有察觉。

本节思考重点

1. 金融科技使保险产生的第一大变革是价值链解构。哪种科技正在解构传统保险价值链的哪些环节?

2. 金融科技使保险产生的第二大变革是保险串接装置。哪种科技正在与保险结合,为客户提供新的产品和服务?

1.7 大数据时代寿险营销应有的思维 3

见招拆招——把握 DT[①]时代趋势,转变思维

为什么越来越多的保险公司开始投入互联网金融和金融科技中?从经营层面来看,主要是基于三个方面:一是提升公司的品牌影响力和内含价值;二是获得客户,特别是非保险客户,为线下渠道开拓发展空间;三是赢得利基市场或细分市场,至于要赢得什么样的利基市场,与公司本身提出的价值主张有关。

传统保险与互联网保险之间的差异到底是什么?经过简单对照,

---

① DT:Digital Technology,数字科技。

可以总结为以下四个方面,如图1-4所示。其中,"客户接触点"代表发展模式的差异;"新支付应用"代表"破坏式创新"的冲击;"风险控制"代表运营思维的不同;"目标客户"代表经营文化的鸿沟。从前端的客户接触,到后端的交易支付;从目标客户到风险控制,互联网打破了横向的价值链及纵向的经营管理。这是一场立体变革,是"破坏式创新"所带来的"蛙跳式成长"。

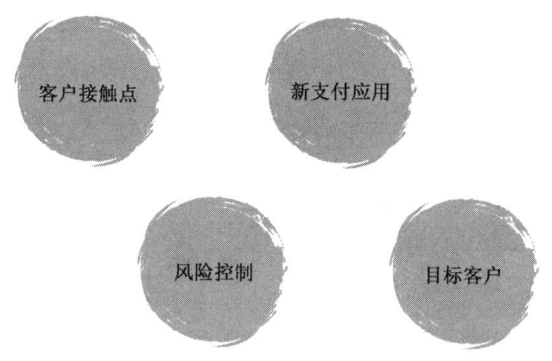

图1-4 传统保险与互联网保险之间的差异

1. 客户接触点

从发展模式看,传统金融机构重视线下渠道和公司建设,是"重资产模式";互联网金融公司专注于线上客户体验和非面对面服务,是"轻资产模式"。

当客户和公司需要当面沟通时,如何结合线上、线下优势,在业务和服务上既取长补短又兼顾风险控制,是保险公司需要考虑的问题。

2. 新支付应用

如今,新支付应用已经不只是客户的支付工具,而是一种生活方式。利用自身的优势,新支付应用正在变成可以满足客户日常生活所需的场景入口，促使并加速金融保险公司在产品设计和客户服务方面的创新变革。

新支付应用除了依赖创新，也依赖政策的支持。当我们使用新支付应用进行付款时，技术上也许可以识别这是你的个人行为或你的支付意愿，但如果没有政策上的支持，这一切都将无法实现。

3. 风险控制

无论信贷还是抵押，传统风控已经有非常成熟、复杂的体系，但同样的业务应用在互联网上却有不同的做法。

互联网风控采集客户过去的交易记录和行为信息，通过大数据核定客户的申请是否被接受。互联网风控有更高的要求，难度也更高。

以阿里金融为例，虽然它仅能在其生态系统中为客户提供小微信用贷款服务，但已经证明了互联网风控可以表现得很好。

4. 目标客户

互联网金融会受到如此广泛的关注，很重要的原因是很多客户对实体金融机构不满。

这里提到的客户，属于过去被金融业忽视的"二八定律"中的那80%的部分，即我们经常提到的"长尾"。与此同时，这其实也代表着细分市场的兴起。

我们谈一下互联网的"长尾"。你知道亚马逊卖出的书有1/4是畅销排行榜1000名以后的吗？

过去，人们参考畅销书排行榜买书，营销人员认为80%的利润来自20%的最畅销产品。如今，互联网却能让一些冷门的书、唱片、电影被更多人了解，进而通过口碑获得畅销的机会。

长尾效应的长销趋势，让一些属于小众和利基市场的产品有了生存空间，而且还可以带来可观的利润。互联网依靠积少成多、积沙成塔的力量颠覆了"二八定律"，取得了更好的成绩。

除此之外，长尾效应也让业务员、渠道、合作伙伴、保险产品等都发生改变；客户、市场和新科技也在促使保险公司改变。面对互联网浪潮，寿险营销可能迎来什么变化？又或者说，我们有哪些应对之策？

互联网时代，科技使寿险营销在三个方面发生变化，具体如下：

一是服务，站在客户的角度，换位思考，强化服务理念，用服务带动销售。

二是客户，用"获客"（获取潜在客户）的想法开拓市场，先"进入客户的钱包"，再一步步"扩大自己在客户的钱包中所占的份额"。

三是专业，过去靠个人关系和魅力，加上勤奋和努力，我们或许能把保险销售出去，成为优秀的业务员。但现在，除了掌握以上的基本内容，我们还应该进行更有深度与广度的学习。

另外，开发新市场非常重要，如果不重视这项工作，那就会变得很被动。所以我们必须考虑如何开发新市场，以及开发什么样的新市场。

这里有个人的努力，但更要靠公司和组织的力量。我们要利用新媒体、新平台，开发适合"获客"的产品和应用，特别是碎片化产品，它非常符合移动互联网时代的产品诉求。

当客户的自主意识日趋强烈以后，"为什么买保险"的问题将转变成"跟谁买""到哪买"的问题。当标准化的产品都被搬到线上后，业务员在被比较、被选择的过程中如何胜出？答案其实很明显——专业。

在销售上，要从过去的"大数法则"转变为"大数据法则"，当然这要有公司的支持才可以办到。此外，要学习并充分利用辅助工具（例如微信等）及第三方专业机构所提供的免费工具，做好客户管理。

在售后方面，业务员要关注客户的服务体验和黏性。当保险开始嵌入越来越多的场景和串接装置时，为客户量身定制保险产品将成为现实。

此外，我们可通过提升售前"获客"能力、加强售中专业要求、改变服务观念、以服务带动销售等多种措施来增强客户黏性。

长期以来，保险公司都致力于服务那些出险理赔的客户，这原本也无可厚非。但如果保险公司不去为那些"从不打扰"的客户提供价值，那就本末倒置了。

这是个系统化问题，保险公司需要通盘考虑，投入时间和资源才可能解决，绝不是靠推出单一产品便能解决问题的。

本节思考重点

1. 面对科技的冲击，无论保险业务员还是银行理财专员，或证券投资顾问的服务专员，大家面临的都是相同的情况，解决之道应该可以相互借鉴。

2. 为什么过去保险公司不重视客户体验？

3. 保险理赔是再销售的契机，你认同吗？你觉得保险公司和业务员会重视那些"从不打扰"的客户吗?为什么?

1.8　大数据时代寿险营销应有的思维 4

借力使力——向互联网工具借力

现在,不少业务员已经把互联网视为机会,将 App 当成提供协助的工具。本节将介绍与互联网和产品创新有关的案例,供大家借鉴和参考。

1. 个人身价账户管理工具

在碎片化时代,寿险要想跟上潮流,首先要考虑产品如何碎片化的问题。

2014 年,我之前所在的公司开发的"个人身价账户管理工具"便有效地解决了这个问题,为实现寿险碎片化提供了一种新方法。

传统寿险的产品设计和定价思路是"保额定保费",这是从保险公司的管理角度来看的,而不是从客户的角度来看的。反之,"保费定保额"打破了传统的定价思路,实现了"客户自主"——"我有多少钱便买多少保险,我什么时候想买便什么时候买"。

"个人身价账户管理工具"所秉持的是互联网思维,它可以实现"客户自主";在产品类型上,它涵盖了健康、意外、出行、理财四大类产品;最终目标是打造成像支付钱包一样的理财百宝箱。

2. 第三方的跨界合作

因为多数保险公司没有客户池，无论累积客户、获取客户还是取得保费收入，在短期内与第三方平台或垂直入口合作都是必要的举措。

例如，保险公司可以选择与潜在客户接近的第三方平台合作，利用赠险和跨界营销共同获得客户。无论赠险还是日后的产品营销，都可以为第三方量身定制或创新设计，这样对双方都有好处。

3. 场景化的随选型出租车乘客意外险

保险公司与叫车平台合作，由平台付费为使用其 App 的乘客提供场景化的保障服务。保障期从乘客上车开始到下车结束，保费便宜，目的是获得客户，以及通过所收集的数据了解客户的生活作息、活动范围等，为日后二次精准营销所用。

这种乘客意外险很巧妙地嵌入了搭车场景，是典型的物联网随选型金融产品的有益尝试。

4. 碎片化的账户型防癌险

解构保险产品，使保险产品碎片化的最终目的是争取"长尾"、嵌入其他物联网设备。保险产品的解构，代表保费、责任、期限均可被碎片化。

账户型保险的作用是打消客户对保险碎片化"低频、低额"的疑虑。选择细分市场，要先明确自己的定位，知道自己想在哪个市场发展。倘若定位是"健康医疗"，例如母婴险、糖尿病险、结石险等，那么我们就可以尝试创新，并通过保障责任差异化来解决同质化问题。

5. 碎片化的开关式意外险

碎片化保险的另一个创新案例是开关式意外险，该产品的设计初衷是满足客户对何时使用保险的自主和自助需求；设计原理是把使用期和保障期区分开，例如使用期是一年，保障期是七天（或客户希望的天数），同时把保障启动和结束的时间交给客户自己决定。

这样的设计让保单在一年之内可以被客户多次启动，而且如果和LBS定位结合，还可以使其在启动和结束时与客户所在的场景契合。

6. "千人千面"的账户安全险

如果客户使用支付宝，或许客户早已购买了账户安全险，那么只要结合场景，账户安全险便有机会大卖，这是典型的场景化保险。

账户安全险的定价因子可能超过 300 个，这些定价因子通常用来计算被盗概率和可能的损失，例如密码设置的安全级别、金额高低、使用频率等，从而使每位客户的保费在相同的保额下有可能不同。

7. 国外细分市场案例：BOUGHT BY MANY（英国互联网保险公司）

BOUGHT BY MANY 是第三方平台，保险需求由客户主动发起，之后由保险公司来满足需求，而不是由保险公司设计、开发产品之后再去销售。

该平台追求"Insurance Made Group"，本质上是"为了保险需求所组织的社群"。它把有相同需求的人组织起来，参与保险公司的议价，要求保险公司为一些特殊的需求量身定制保险产品。

这样的商业模式与团购、C2B（Consumer to Business，客户对企业）、个性化消费有相似的地方。2018 年，BOUGHT BY MANY

受到广泛关注，获得了 1500 万英镑的融资，并于 2019 年入驻瑞典。

现在的公司，打的是一场未来的"战争"。在碎片化时代，这些公司要争夺 80%的市场或创造蓝海市场，就要占领以手机为主的客户端，使其作为入口，利用类似 QQ 群或微信群这样的社群进行营销，打造 O2O 线上连动线下交互型的商业模式，创造"获客"场景，进入产业或生态垂直领域。

请记住：

是去创造"客户自主"的环境，而不是去让客户自助；是去塑造你的场景，而不是去营销你的产品。

并且，请做好准备：

准备好的人，看到的是机遇和挑战；没有准备好的人，看到的是颠覆和死亡。

本节思考重点

1. 文中的案例对你有什么启发吗？
2. 面向未来，如何向互联网工具借力？

第 2 章
商业模式

本章将首先回顾互联网金融的发展历程，以说明其商业模式的演变。我们要以擅长的事、能做的事为基础，寻找适合自身发展的商业模式。然后，本章将从不同的角度，介绍平台、共享和互联网金融。

O2O 是各行各业接触互联网的第一课，但对金融保险业来说，它会不会是伪命题？阿里巴巴推出"车险分"，从而进入车险市场，背后或有深层战略思维。最后，我会介绍网电与电销在商业模式上的"同"和"异"。

2.1　唯一不变的就是改变

将时间拉回 2013 年。

当年，随着余额宝凭借碎片式理财方式在短时间内"走红"基金业，互联网金融的热度也迅速蹿升，各种与之相关的论述、研究快速涌现。

与此同时，无数商业模式被拿出来探讨。不同赛道上，少数成功"个案"在获得融资的同时也成为被追捧的"明日之星",享受着光环。

互联网金融让整个社会弥漫着一种兴奋、狂热的激情,市场乱象也让空气中有一种"不安的气味"。被追捧的成功案例背后,大家没有看到一波波的"倒闭潮",大家的想法是:我们没有失败,而是走在通往成功的路上。

有段时间,很多人只是懂点程序、会点代码,不知道自己究竟可以做什么,也想不清楚为什么要做这个,只是因为别人成功地拿到融资,便满腔热血地投入其中。

在这段时间,你可能陷入了从未有过的迷茫。几乎每天都有类似的故事上演,这也许是很多人宁愿封闭自己,关上改变的大门,也会选择视而不见的原因。

直到有一天,你突然想通了。无论电子商务或互联网金融,不管什么行业或商业模式,其实都是把客户体验做好,把产品开发好,把股东"伺候"好,把员工照顾好,就这么简单,同时,又这么困难。

渐渐地,你的内心不再那么焦躁。你开始思辨,剔除那些可有可无、无用无效的信息。

你的内心不再执着于那些商业模式、利润来源,也不去关心别人的做法,因为你明白了当中的游戏规则。

这里没有必胜法则,也没有"复制肯定成功"的胡言乱语。谁都可能失败,你只能设法不让每次的失败变成你最后的尝试。

因此,商业模式固然重要,但更关键的是审时度势、抓住机遇;是团队、人脉、资源;是融会贯通后的再创新;是即使离开原本的框架,也能切中要领、坚守本质。

在你把这些难题弄清楚后，当面对接踵而来的挫折时，与之前相比，你将更冷静、更有信心。

本节思考重点

在这样一个"不变的真理就是改变"的世界中，该如何把握自己未来的方向？

2.2 面对新市场，评估商业模式的步骤

在很早之前，保险独立代理人①备受关注，与之相关的商业模式也受到资本市场的狂热追逐。我想借此谈下，当面对新市场时，评估商业模式的步骤。即使创新有诸多不确定性，也不能"先射箭后画靶"，这是本末倒置。

在市场上，以独立代理人为目标群体，以激发大量线上注册行为为目的的发展模式已经相继出现。例如，依托保险公司热销产品做线上推广的 B2C（Business to Consumer，企业对客户），单取保险

---

① 在保险业，独立代理人是一种特殊的业务员模式，读者只需简单了解。从形式上看，独立代理人就是以个体户存在的业务员。在此，我们不做过多的论述，不去比较各国在这个模式上的不同，也不去论证未来监管是否仍然支持此模式。

承揽的某项功能为业务员提供线上整合服务等。

面对独立代理人市场，相较于上面几种模式，差异化的 C2C（Consumer to Consumer，客户对客户）或许是另一个方向（虽然从严格意义上讲，独立代理人是个体户）。

考虑到场景塑造，对于缺少互联网资源的新创公司及缺少互联网"基因"的金融保险公司而言，想要取得成功，恐怕要花更多的时间，在资金的投入上要更谨慎：

1. 自建一个与保险没有直接关系的第三方平台（是否将难以持续）；

2. 做一个 App（是否已有太多竞争）；

3. 和传统中介公司没有区别，实为线下业务转线上的 O2O（是否难有竞争壁垒和利基）。

在创新商业模式之前，我们应该先了解现实情况，问对问题，再去找答案。

那么我们如何评估是否应该发展独立代理人 C2C 商业模式呢？可以尝试考虑以下情况。

情况一：对平台而言，有价值的产品不容易得到。

保险，特别是寿险，其实是无刚需、无黏性的金融产品。在互联网上，直接推广保障类、价值高的保险产品相当困难，并且不管是赠送保险还是用其他手段，网站"获客"也不容易。

由此延伸到"为什么""做什么"这两个问题：

价值：客户、独立代理人会为了什么而使用这个平台？平台可以提供的价值是什么？

痛点：若想开发"前市场"，那么我们可以提供什么样的产品和服务？是帮独立代理人"获客"，促进合作、交易？还是帮客户以其他手段规避销售误导？若想开发"后市场"，那么我们可以提供什么样的产品和服务？是帮独立代理人提供后续服务，还是帮客户解决理赔难的问题？

选择：最终只能择其一，也就是选一个市场的一款产品的一个功能或服务。

中立：如果我们的定位是第三方平台，那就不必考虑与哪家保险公司合作或去销售哪家保险公司的产品。我们需要明确自身定位和价值主张，想好对可能产生的后果的应对之策。

情况二：对客户和独立代理人而言，容易得到的产品没有太大价值。

对于 2C 市场而言，客户导向和功能导向是两大核心。从运营角度来看，目前很多平台采用的是业务员导向和产品导向，而不是客户导向和功能导向，尚未具备真正的互联网思维。

延伸到第一个问题，我们要想好应该"怎么做"。

"鸡生蛋、蛋生鸡"：想要吸引的是客户还是独立代理人？是不是有了客户，便不怕没有独立代理人？还是通过独立代理人来找客户？

方案论证：开发具备哪种功能的互联网产品，整合哪些资源和服务，替客户解决哪些问题，才能吸引目标群体使用我们这个平台？

思维创新：是要把业务员当成客户，还是把客户当成业务员？或者，将两者结合，形成一个"个人自保险＋独立代理人"的完整生态链？

从传统延伸：过去的营销观念强调"不要把朋友当客户，要把客户当朋友"。如今，如果把观念进行延伸和调整，把客户当朋友，使其享有购买产品和推荐客户的权益,会出现什么情况?

尝试:要注意的是,任何商业模式都不可以被简单地模仿,失败有不同的原因,成功也不可能简单复制。别人的成功模式一定有其前提条件和准入要求,盲目模仿和复制并不能为我们带来好的结果。

本节思考重点

1. 去做 SWOT 分析吧!这是一个历久弥新的管理工具,可以帮助我们了解自己的优势和劣势,以及市场的机会和挑战。

2. 学会提问,是学习怎么"问",而不是着急去回答。所以,要先问对问题,再去找答案。千万不要"先射箭后画靶"。

2.3 平台就像月台

近几年,"平台经济"迅速发展,但你知道什么是平台吗?其实,支持和阻碍平台发展的因素不是科技,而是资源和专业度,这又是为什么?

下面我用车站的月台打比方,简单介绍平台的作用和功能,以及从平台衍生出的商业模式。

平台的英文为"platform",这个词很直白也很贴切,和车站的月台是同一个英文单词。月台在车站中,平台在"生态系统"(Ecosystem)

中；月台之于车站，就像平台之于"生态系统"。

一个大车站里会有许多月台，同样地，一个生态系统里也可以有不同的平台，提供不同的服务给有需要的人。如果把月台管理员看作平台经营者，那么火车、汽车则是平台的服务，提供这些服务的便是平台参与者。至于客户，就相当于乘客。火车提供标准化的服务，客户都在同一条轨道上前进；汽车提供定制化的服务，客户在高速公路上自驾行驶。

只要是月台，必定有清楚、规范的方向和地点，其主要作用是供乘客乘车、候车。只要是去往一致的方向，到达相同的地点，任何乘客都可以来到规定好的月台。

平台也是如此，希望大家都能来，至于提供或使用什么服务，便要看有什么能力或需求。所以，一个平台经营者要清楚自己做的是火车还是汽车的生意，方向是往南还是往北。

如果做的是汽车生意，就要考虑在高速公路的哪些地方设休息区；如果做的是火车生意，就要考虑在铁道沿线哪里设停靠站。

同样地，一个平台参与者，要清楚自己提供的是火车（标准化）还是汽车（定制化）的服务，去往哪个方向，中间要不要中转和停靠等。把这些对月台的理解放在平台上，你会发现二者没有太多不同。

火车跑在铁轨上，汽车跑在公路上，"铁轨"和"公路"就是平台经济的API（应用程序接口）。在开发API的时候，我们通常采用的是开放技术，因为这样方便平台参与者把服务"放在"平台中，让客户选择使用。

API就像铁轨和公路一样，造得好与不好，直接影响在上面跑的火车和汽车，也就是参与者提供的服务及可执行的应用。

在开发 API 时，架构设计非常重要，它是平台能否成功的关键要素，而且会直接影响客户体验，是参与者和客户选择是否使用这个平台的原因之一。

举例来说，有些平台是服务化的管理平台，核心架构是一种叫"软件即服务"（Software-as-a-Service，SaaS）的技术。通过这种技术实现的服务也常被称为"即需即用软件"，也就是"一经要求、即可使用"。

有的大平台则为其他平台提供服务。例如，为平台提供软件的服务，叫"PaaS"（Platform-as-a-Service）；为平台提供基础设施的服务，叫"IaaS"（Infrastructure-as-a-Service）。

关于这些技术和专有名词，我不在这里多做说明，有兴趣的读者可以自行搜索。[①]

如果我们想成为平台经营者，那么选择一个"交通枢纽"非常重要。这项工作我们不用事必躬亲，也不必从零开始，而是把大家的服务集中起来，通过营销和推广让大家都可以使用。

倘若我们需要的是搭车服务，就不需要自己去购买或制造火车、汽车，而是应该买张票，支付从起点到终点的费用，便可以被送到目的地。这就是"产品即服务"（Product-as-a-Service，PaaS），它是一种按需付费的商业逻辑和模式。

车辆的调度往往是月台很大的痛点。通常车站会把月台按方向和车种分为通往甲地的快车月台及通往乙地的普通车月台，这样做的效果显而易见，因为可以让车辆的调度更容易，也使得乘车秩序

[①] IBM 的软件架构师 Albert Barron 曾用比萨打比方，解释 SaaS、PaaS、IaaS 三者之间的区别，有兴趣的读者可以参考。

更好，乘客的满意度也能提升。

因此，提供的服务能不能解决客户的痛点，关键在于平台经营者和平台参与者是不是足够专业。如果足够专业，便可以提供更好的服务给客户。

在大多数情况下，一个聚拢许多资源且足够专业的平台，往往可以吸引更多的客户。这也解释了为什么支持和阻碍平台发展的因素通常不是科技，而是资源和专业度。

本节思考重点

1. 平台是什么？为什么要有平台？

2. 以你所在的行业或公司为例，如果你想建一个平台，它可以为参与者和客户创造什么价值？

3. 平台是自上而下刻意形成的结果，还是自下而上自然形成的结果？为什么？

2.4 打造"共享金融"商业模式

过去，人们把共享经济看作一种平台经济，对它的评价也是褒贬不一。它受到欢迎，也遭到很多传统行业的反对，例如出租车行业和酒店业，他们认为共享汽车和共享房间是很大的威胁，也缺少必要的监管。

然而,共享经济本身也在创造就业机会。那些提供服务的平台需要招聘大量的员工,这就为更多人,特别是当地人,提供了更多的工作机会。

结合物联网和大数据的共享经济,将可能演变出千变万化的新生活场景和新商业模式。共享经济与客户紧密连接,物联网和大数据让"共享金融"商业模式成为可能,但关键是如何将传统金融保险产品数字化?

物联网商业模式的基本原理是"产品即服务",特点是制造商保有产品的所有权,并负担产品运作与维护的成本;而客户拥有完整的使用权,但只在使用时付费,而不是在一开始就先付费。

试想,在共享经济模式下的智能联网设备,或许将带给我们从未有过的场景。这些场景,若可以被数字化的金融保险产品"嵌入",就会给保险业带来重大突破。

在本书中,在谈到物联网和大数据时,我多次使用"嵌入",而不是"置入",这是因为二者不仅在技术层次上完全不同,而且还存在本质上的差异。

这里所谓的场景和嵌入,不是在买机票或车票时,让人们加购旅行平安险这样的置入式营销组合,而是将金融保险产品数字化之后,与智能联网设备所产生的数据进行有意义的紧密结合,再利用这些数据定义保障责任、期限、价格等。

共享的服务内容,除了大家熟知的汽车、房间、自行车、停车位、公寓、厨房,将来还会延伸到各类高端设备、高级家电及工具。这些都可以通过"科技租赁"的方式实现共享。

"科技租赁"是我重新定义的一种以物联网和大数据为基础,通过租赁场景和服务的共享，实现"共享金融"商业模式的"最后一块拼图"。

想象一下，在"科技租赁"的场景下，我们目前所有通过购买才能使用的家电和家居设备用租赁的方式就可获得使用权。与传统租赁不同的是，"科技租赁"只需在使用的时候付费。

这种想象出来的场景是否遥不可及？在写本书的同时，我正把所写的内容不断上传到共享云端更新储存，例如 Dropbox、百度网盘、有道云笔记等。

我没有也不需要拥有一个超大容量的服务器来运算或存储，但我和其他成千上万的客户一样每天都在使用这项服务，并且只为我所需要的服务买单。这与我描绘的"科技租赁"场景是否有很多相似之处？

总之，万物互联一旦进入生活，就会催生更多新商业模式，共享经济的想象空间就可以变得更大。智能联网设备可以有不同的场景，让合适的数字金融保险"嵌入"。

金融保险公司无须自己塑造场景，只需要找到方法将自己的产品数字化之后"嵌入"已有的场景，满足客户对共享的需求，尊重客户对"产品即服务"的使用习惯。

本节思考重点

1. 共享的"嵌入"和营销的"置入"有什么不同？
2. 共享经济带来的争议有哪些？

2.5 更具挑战和价值的金融保险 O2O

通常人们理解的 O2O 是把线上的客户带到线下的门店里,或客户在线上支付后到线下去享用产品和服务。

O2O 的概念是在 2011 年 8 月由 Alex Rampell 提出的,O2O 实际上就是"生活服务互联网化"的过程。其实这个概念一直都存在,只不过后来它被赋予了全新的意义。

经过多年的经验积累,我发现金融保险 O2O 是双向的,既可以从线上到线下,又可以从线下到线上。这主要是因为金融保险 O2O 不仅适用于门店,还适用于业务员。

业务员就像线上平台的线下"移动客户端",可以帮线上平台做推广,而线上平台也可以帮业务员"获客",两者结合,成为一个从线上到线下、从线下到线上的 O2O 生态圈。

要做到这点,则需要一个"移动客户端产品",这个产品既要能满足业务员移动性强的要求,又最好能和业务员的日常管理与需求结合,并且这个产品要让业务员觉得有用、好用。

另外,这个"移动客户端产品"并不是大家所熟悉的以提供业务员移动投保为主的功能产品。两者最大的区别在于移动投保仅是一种产品,而不是商业模式。并且,如果我们将这个产品放到第三方平台,那么它将成为以赋能为目的的共享商业模式,而不是 O2O。

在 O2O 模式下,业务员是垂直入口的个人推广户,是提供本地服务的"移动客户端",而这个垂直入口就是业务员的线上"获客"工具。

如今,已经有不少新创公司进入这个领域,将 App 作为连接线上和线下的接口,为各保险公司提供汇总功能,使业务员能更好地拓展市场。

这种赋能型商业模式，与另一种将系统功能模块化，通过模块化功能拓展市场的科技输出相比，虽然出发点不一样，但仍有异曲同工之处。

不过，目前市场普遍认为，金融保险O2O是通过线上为线下"获客"。然而，我想提醒各位读者，金融保险业与其他行业的供给和需求并不一样，所以商业模式如果有不同之处，也并不奇怪。

重点是，我们打算把什么样的商业模式放到什么地方？放对了，就有机会成功。如果失败了，那么或许不是商业模式本身的问题，也可能是我们放错了地方。

从产品的角度看也是如此。除了简单的碎片化产品，金融保险O2O与其他行业O2O的商业模式也不一样。

举例来说，不同于餐饮O2O，金融保险O2O不是由客户在线下通过手机发起的，而是由客户在线上或由线上平台来发起的。它们最大的不同在于产品，人们会主动找餐厅但一般不会主动去买金融产品，特别是保险。基于这种情况，就餐场景在金融保险中并不会出现，金融保险衍生出的是一种靠外部场景带动和产品搭售，以提高人们参与金融活动的意愿，在"获客"后转到线下，进行进一步接触和服务的生态圈。

于是，一些第三方平台公司看到了机会，在衣、食、住、行各方面，通过满足人们的金融理财需求切入价值链前端。

不过，O2O的一个障碍是，线下的结果未能反馈到线上，也没有与线上形成闭环。这个障碍对那些没有金融保险背景的第三方平台是一个挑战。

同时，金融保险O2O虽然是基于线下既有的需求，但瓶颈也可能出现在线上供给端。一旦线上供给端出现问题，客户体验和转化便可能受影响。

因此，我们要开发多元丰富的前端"获客"业务，引进含金量高的增值业务，以提供资讯或促进合作来连接供需端。综合来看，未来金融保险 O2O 商业模式可能是这样的：线上业务与不同场景结合，形成一个将信息聚合、预约服务、地图导航、CRM（Customer Relationship Management，客户关系管理）、语音和实时沟通融为一体的多功能服务平台。线下业务与不同渠道结合，例如电销、门店，进行有效的"获客"和后续跟进服务，可通过积分让客户产生黏性，提高客户满意度。

金融保险 O2O 的价值体现在其商业模式的多样性和不可复制性上。这就是说，每家金融保险公司的 O2O 模式是不一样的，因为线下渠道的需求并不相同。

本节思考重点

1. 你所认为的金融保险 O2O 是怎样的？

2. 你认为场景金融与金融保险 O2O 之间，存在什么样的竞争和合作关系？

3. 未来的金融保险 O2O，科技将是主要的驱动改变的力量。科技是提供服务还是支持业务，我们是否愿意改变（根本意愿）、如何改变（改变的手段）、改变什么（改变的内容）、谁来改变（推动执行），这些都关系到 O2O 的成败。

2.6 从业务员角度看O2O是不是伪命题

在第一章中,我用4节的内容介绍了"大数据时代寿险营销应有的思维",这是站在互联网改变保险生态的角度做的论述。接下来,我想尝试从业务员的角度,看看O2O会不会是个伪命题。

做任何事都要从"为什么"谈起,也就是"动机"。为什么要做这件事?为什么要改变?为什么要创新?当受到互联网冲击时,业务员的发展策略究竟是什么?此时,从线上为业务员"获客"的O2O模式便应运而生。

然而,这里还存在很多待讨论的问题,例如,业务员的定位是否需调整,是否从过往的约聘改为伙伴关系?业务员的佣金奖励制度是否也该调整?业务员是否真的会被去中间化?又有哪些工作可能被互联网取代?这些取代非但不是坏事,反而可能是可提升效益的好事?这些问题,我们在前面做了论述。

好处与坏处,总是一体两面。例如,去中间化可能是坏处,但因此走向专业却是好处。此外,借助新技术,对内可以提升工作效率,节约时间成本,对外可以"获客",这些都是好处。但从客户的角度应该怎么看?客户和业务员之间是否存在矛盾或交集?公司的战略要如何确定?最终,我们是站在渠道的立场,还是站在客户的立场?这些都是价值主张的改变,也是我们需要回答的问题。

再回到问题的本质,保险的传统价值链被金融科技解构是不可逆的趋势。被解构的价值链会变成什么样?其成本和效益可能出现什么变化?在销售的前端、中端、后端,随着金融科技的介入,又会出现什么变化?从成本和效益的量化角度,这些问题或许会有一个合理的答案。

O2O模式的一大好处，就是为业务员带来可持续、可维护的潜在客户名单。然而，业务员是否存在缺少客源的问题？如果不存在，那么这种模式没有应用的价值；如果存在，那么它就非常有价值。

根据行业经验与访谈结果，我的结论是：业务员缺少客源的问题是真实存在的。但是，要让业务员"买单"，必须证明你的名单具有价值，这个价值可以从两方面衡量和体现：一是货币，二是时间。也就是说，你所提供的名单，可以为业务员带来多少生意？或者帮助业务员节省多少时间？货币和时间都是可以被量化的。

另外，业务员是否需要差异化奖励，我们也应该考虑。这是因为公司既然在前端"获客"上投入了成本，为业务员带来价值，理论上就不需要再为业务员提供佣金奖励。但是除非我们确定，改变佣金奖励制度不会引起不必要的麻烦，否则，采用差异化的佣金奖励制度是必不可少的措施。

或许，另组一个新团队、采用新制度和新管理办法可能会更有效。新团队可以用互联网化为口号，以"理财规划师"为名，所有客户名单由公司提供，按照上述对成本和效益的计算思路，重新制定制度。

测试是必要的，也是降低风险的好办法。我们可以组建一个小测试团队，将名单提供给他们，对他们采用新制度和新管理办法，然后根据整体绩效和投资回报再决定下一步该怎么做。

2012年，我曾尝试组建过一个名为"海豹部队"的互联网销售团队。在游戏公司的支持下，我当时使用的是来自网游保险的客户名单，通过微信等方式和这些客户交流。但后来由于配套管理措施和激励方案迟迟无法落实，加上身为主要推动者的我后来也离开公司，这个项目最后无疾而终，实在可惜。

相同的逻辑和过程也适用于其他渠道，例如电话营销，传统的电话营销也在朝网电合作的方向转变。有些公司趁势将过去只销售简单产品的电话销售员，转变为拥有产品销售能力和服务技能的"客户经理"。

不过，这绝不是件容易的事，与在业务员体系中建立一支全新的"理财规划师"队伍一样，难度很大。

也有其他做法，例如，将试点项目和新建立的团队放在一家由母公司控制的经代公司运营。这样也能有效打消现有团队对公司新政策的疑虑，减缓对现有团队的冲击。

O2O 模式是被肯定的，再困难我们也要做。与其被浪潮所淹没，倒不如趁势而上，抢得先机，说不定还有弯道超车的机会。

本节思考重点

1. 如果你是从事销售工作的业务员，你会认同 O2O 这样的商业模式吗？

2. 身为业务员，你认为什么样的 O2O 模式才符合你的期望？

3. 身为业务管理者，你又怎么看待上述两个问题呢？

2.7 从"车险分"看平台战略——你是角色，还是摆设

苹果公司曾以增加内容曝光、吸引更多流量为诱因推出了一个整合外部媒体新闻的包月会员制新闻订阅服务，却被众多媒体机构抵制。除了苹果公司高额抽成的因素，这些媒体机构真正的担忧恐怕是不想重蹈当年电影业与 Netflix 合作，最终"养虎为患"，哺育出在未来反噬自己的"猛兽"的覆辙。

这件事让我想起了阿里巴巴过去做的"车险分"。

阿里巴巴旗下的众安在线是纯线上产险公司，对于线下提供面对面服务的车险业务，在"看得到却吃不到"的情况下，始终在寻找解决方法。

2017 年，阿里巴巴旗下另一家子公司蚂蚁金服，如愿在车险市场联合几家产险公司，携手推出了"车险分"。

蚂蚁金服试图将客户画像与保险公司的车险理赔数据结合，通过职业风险度、身份风险度、信用历史、消费习惯、驾驶习惯、稳定水平等细分标签，建立"车险分"的计分体系；然后按照这个计分体系得出 300~700 不等的分数，作为车险的风险控制依据。分数越高，客户的风险越低；分数越低，客户的风险则越高。

蚂蚁金服指出，它们希望帮助中小型保险公司提升"从人"的车险定价能力，协助行业改变传统"从车"的定价方式①。然而，

---

① 传统的车险定价是"从车"，即根据客户所开的车来定价，比较单一粗放。相对而言，加入"从人"因素的定价更为公平合理。"从人"因素包括六大类：年龄、性别、婚姻、驾驶经验、驾驶记录、信用记录。

这个对传统保险公司来说看似天上掉馅饼的事，背后会不会有什么风险？

我个人的看法是，"车险分"是蚂蚁金服的一种平台战略。平台为保险公司赋能，最终让自家保险公司收获经验与成果，平台终究是最大的受益者。

同时，这是一种"生态"玩法，除了这个"生态"，没有其他可以落地的"舞台"。因此，保险公司一旦加入这个"生态"，便会陷入这个"生态"，难以自拔。

一个足够大的"生态"就像流沙、黑洞，它可以凭借与外部的"合作"来壮大自己。一旦它拥有了本来所不具备的能力，不是反过来将你吞并，就是转移资源和焦点到下一个目标，并继续这场游戏。

保险公司之所以与"狼"共舞，多半是为了业务规模和短期利益，但不可忽略潜在风险带来的长期影响。

如果保险公司是为了丰富车联网业务，而且可以在整体业务比重和资源投入上取得平衡，那么这或许是非常有意义的合作。

保险公司与第三方平台的合作是必然趋势，未来也会是常态。然而，想建立一个共赢的合作关系，双方都需要努力。

理论上，双方的合作关系应该建立在平等、互惠的原则上。我之所以用"理论"这样的字眼，是因为在实际操作中不可能有绝对的平等、互惠，往往只是一种相对概念。这个相对的天平应该怎

研究显示，客户年龄太小或太大，事故频率高；女性出事故的严重程度比男性低；已婚的客户比单身的客户、有女儿的爸爸比有儿子的爸爸事故频率低；驾龄不足一年的客户事故频率高；有违章记录的客户风险高；信用分数越低的客户越容易发生保险诈欺。

摆放，完全看两端的"实力"，以及双方所能创造的"价值"。

"实力"比较具体，可以用获利水平、资产排名、知名度等的具体数值来表示；"价值"则比较抽象，主要评价因素包括口碑、专利、资历、商业创新、成功经验等。

通常，"实力"是眼前的产出，"价值"是未来的期待。已经在市场上运营一段时间的公司，多半看重"实力"却往往忽略"价值"；而对一家新创公司而言，它所拥有的正是这些传统公司所忽略的"价值"。

平台之所以成为平台，不是因为大而已，它的核心是客户和数据。判断平台与你合作的初衷不难，主要看它是否拥有和你一样的变现工具和载体。

本节思考重点

1. 在业务的合作上，除了盘算自己的利益，也该去盘算对方的利益，目的是共赢。

2. 当你遇到只看"实力"、不讲"价值"的谈判对手时，该怎么办？

2.8　网电与电销在商业模式上的求同存异

十多年前，电销兴起，随后便进入高速发展的阶段，银行、保险公司等纷纷入局。近几年，由于行业自律不足，保险电销在市场上遭遇困境，开始由盛转衰。

随着科技的进步，网电模式开始出现，甚至被视为拯救电销的"良药"。网电与电销各有千秋，二者在发展过程中求同存异。

电销最明显的特点是"积极、主动"，有时甚至和强行推销差不多；网电结合了互联网与电销，是一种通过互联网为电销业务员"获客"的商业模式。理论上，这种商业模式是合理的，但在实际操作中，存在不少争议：什么是网电？是以网带电，还是以电带网？

网电比较适合传统金融保险公司，它们拥有直营电销渠道；互联网金融公司本身不具备电销直营能力的公司，其业务逻辑可能不同。

至于是选择以网带电还是以电带网，与公司的考核指标、业务能力和营销资源有关。例如，当面对创新的不确定性时，一家缺少互联网金融复合式人才的公司，即使想选择以网带电，也会因为经验不足、现有业务面临考核问题、无法有效维护客户等因素而陷入困境。

依托于过往的电销，以电带网是目前比较常见的模式。若只想从线上帮助线下电销业务员取得客户名单，而不去反思如何经营数据，改善内部管理，改变行为和习惯，恐怕网电也将面临与电销类似的巨大挑战。

如果想要以网带电，我们便要用互联网思维考虑金融保险的运营，重新设计业务流程，包括配套的客户经营、数据流转和销售管理方法。例如，为取得优势，相对于单一的销售渠道，我们更应该建立以服务支持业务的经营平台。

各公司要从引进、培养人才开始，逐步建立数据管理机制，明确职能部门的定位与职责，逐步推进精准营销，并据此建立数据驱动的"营销漏斗"。

另外,以网带电要尽量推动线上转化,各公司需要为业务员提供优质数据(拥有可预期、高转化率的商机或线索),让他们去跟进服务。

为了提高效率和客户体验,我们可以结合数据的分类和分级管理,将电销业务员分为不同的等级。例如,一种是以简单服务和销售为主的一般等级;另一种是具备多元服务和销售能力的高阶等级。这样可以让能力不同的业务员去满足不同的客户需求。

在与客户的接触和沟通上,网电与电销也不尽相同。例如,在电销中严禁业务员使用互联网通信工具和聊天应用与客户交流,但在网电中这些工具和应用是必备的。

为了取得更好的绩效,有的公司会开发专属插件和提供培训课程,协助并指导电销业务员与客户拉近距离;还有的公司甚至会引进语音技术,通过语音技术去协助电销业务员识别意向客户。

随着商业模式的转变,电销业务员的角色也与之前有了很大不同。除了差异化管理,培训的重要性明显加大。过往那种"紧迫盯人式"的销售模式已经不适用了,"以服务带动销售"将会成为新销售模式的核心。

测试是"万灵丹",我们针对不同数据、产品、话术等都可进行测试。在销售流程中,所有的重要环节和内容都可以进行测试,例如营销图文内容、促销方案、展示弹窗时机等。关注细节,我们才能取得最佳结果。

本节思考重点

1. 在网电中，以网带电和以电带网各有千秋，虽然驱动力不同，但相同的是对数据的经营和管理，以及人与数据之间的协同和整合。

2. 网电与电销存在哪些"同"与"异"？

第 3 章
创新与创业

创新很难，因为没有必然成功的法则，正所谓凡欲成事者，三机不可缺其一：天时、地利、人和。

成功的创新与组织、机制、资源、KPI 有关，但很多人还不知道什么是互联网金融的成功商业模式。虽然成功的创新者如凤毛麟角，但我们不可以盲目追捧。

互联网金融的创业，绝对不能背离五个关键：融合、颠覆、资源、趋势、时机。

3.1 创新十要："扫雷"装置和探测"雷达"

1995 年，某外资寿险公司的行政部门在会议中提出强烈质疑，因为营销部门打算与银行信用卡部门合作，将高单价、高价值的寿险直接销售给持卡者。

2000年，某外资寿险公司的精算部门坚持下架一款女性癌症险，原因不是销售情况不佳，而是卖得太好，远远超出了预期。

2005年，某合资寿险公司想在市场上尝试电销，除了因绩效无法达成目标而面临的关停压力，监管部门也不看好这种新业务。

2011年，某保险公司和某游戏公司遭遇困境，它们携手推出的互联网游戏保险因为无法取得客户的信任，眼看就要失败了。

2013年，某寿险公司的财务总监在公开会议上，对公司拟筹建第三方互联网金融平台和重组电销渠道的做法表示不予支持。

2014年，某寿险公司推出出租车乘客随选型意外险，初步取得了成功。就在该公司准备和某网约车App签订合作协议的前夕，监管部门突然暂停了所有新业务，并对股东进行了重组，新任高管一上台便推翻了之前的创新举措。

以上都是真实案例，在内部压力及外部环境的影响下，创新必然会面临挑战，有的公司甚至会遇到意料之外的情况，正所谓"猜中了开头，却没有猜到结尾"。

推动创新如此困难，主要是因为它没有固定的方法可以遵循，更没有必然成功的法则。但是，成功的创新，即使情境不同且方法无法照搬，却有可以用来借鉴的经验。

以下是我自己总结的"创新十要"，很多是在错误与失败中总结的教训，"扫雷"装置（避开眼前的危机）和探测"雷达"（探索发现之旅）或许可以帮大家增加成功的概率。

1. 避免监管风险

监管一直是金融创新的"痛"。2017年以来，各国对金融创新的支持力度加大，科技公司在把握政策红利之际，可以与金融保险业的专家合作，或与第三方协同，并提前做好监管沟通。唯有避免监管风险，才能确保金融科技的可持续发展。

2. 跳蛙式推进策略

你玩过青蛙过河这个游戏吗？在此游戏中，玩家面对不断出现的浮木，要想让青蛙安全到达对岸，就得看准浮木，缓步前进，甚至进两步退一步，这也是创新漫长旅程的写照。

我们可以考虑这样的策略：先求小成功，快速见成效，再进行长时间、多资金的"跳蛙式推进"。如此便能避免初期的高成本投入，万一失败了，不至于"伤筋动骨"，渐进地改变也让成功的概率增加。

3. 从现有业务开始

多数人抗拒改变，往往是害怕失败。创新可能会抢了别人的"奶酪"。

因此，与公司现有的业务相结合，用创新解决客户痛点并创造价值，更能保证新项目在推进过程中可以取得足够的支持。目前，很多传统公司用科技为既有的业务赋能，正是这个道理。

4. 创新不是"横空出世"

不要想一步改变世界，千万不要看不上小创新。苹果公司若没有Mac、iPod等持续小创新和其他许多失败的产品，就很难出现像iPhone这样的爆品。小创新可以是市场已有的先例，最好不要一下进入全新的商业模式中，这样成功的概率更大。

5. 眼见为凭的项目管理

即使成立创新实验室，残酷的现实也会使高管和股东失去耐心。所以，公司每年要争取至少完成一个项目试点，每个项目最多两年结束。

当项目试点取得一定的成绩后，接下来要考虑的是持续扩大，当然，项目试点也可能在某些原因的影响下而中止。最后，新项目要么孵化成功，要么进入公司的档案库。

6. 执行力才是王道

天马行空的想法没有价值，不能解决客户痛点的创新没有价值。对金融保险公司来说，发散式的头脑风暴虽然能帮助我们拓宽思路，但对落地执行没有帮助。常见的情况是：动口的人多，能挽起袖子动手的人少；找问题的人多，能想解决办法的人少。创新要想落地，团队要拥有很强的执行力，要能归纳思路，统合资源，规划实践方案。

7. 跨界合作

想变革传统金融保险公司，有效地进行创新，靠的是对专业的了解和对所属公司文化的认同。科技与金融保险业应先寻求跨界合作，再进行跨界融合。

8. 沟通、沟通、沟通

创新不是靠一己"洪荒之力"就可以达成的，而是一个既要突破现有机制，又要追求双赢的过程。所以，面对监管部门，公司需要有很强的沟通能力。

9. 正能量

唯有内心充满正能量，才能有强大的动力。面对种种质疑，创新是寂寞且孤单的一件事，我们不仅要有屡战屡败的心理准备，更要有屡败屡战的"阿Q精神"。

10. 从试点开始

创新的失败远多于成功，所以我们首先考虑的应该是如何避免失败，其次才是如何积极地推动创新。

例如，与外部第三方合作，采用外包服务，以租赁代替采购等，这样可以避免公司一旦陷入失败便无法挽回的情况。

本节思考重点

1. 对于"创新十要"，你觉得哪个最关键？为什么？
2. 你是否有"创新第十一要"？

3.2 扶植创新：一串难解的选择题

多年来，即使"蓝海战略"被说得头头是道，但创新一直很难，也鲜有成功者。

以下是我个人对创新的经验与浅见，分享出来供大家参考。

我对创新的简单归纳是：一种自上而下、只见长效而无短期利益，只看战略布局而不讲胜负，只能不断试错而不能强求一战成功的长久坚持。

成功创新的主要因素是天时、地利、人和，三者缺一不可。天时，就是趋势与时机；地利，就是我们所在的公司与平台；人和，就是领导与团队团结。

有人问我，三者中哪个最重要？

我认为三者都是必要条件，所以都重要。如果真要从中选出一个,过去我认为人和最重要,因为人是公司的文化和灵魂,但现在我把票投给天时。

不过,这并不是定论,纯属个人观点。但可以说,关键是天时、地利、人和的融合。

核心人物是企业的领军人,也就是董事长、CEO。一个成功的领军人究竟应该具备哪些特质,这实在不好说。

各行各业面临不同的困境,不同公司的困境也可能不一样。如果公司的领军人能居安思危,为百年发展做出长远布局,那么他不单是有远见,更深谙以创新推动发展的经营之道,所以他的公司可以走在时代的前列。

公司想进行创新,还将面临一个"组合问题"的考验。

有的公司把创新任务放在只注重眼前利益的部门,这种做法缺少长期规划和系统性。

由此可见,除了领军人,创新还与组织架构、配套机制、资源掌握、KPI 设定有关。

有些公司成立新的事业部或子公司,就是想解决创新的"组合问题"。一旦解决了,创新效应可能会带给公司意想不到的结果。

同时,公司还需要一位被充分授权的高管来推动创新。如果公司不能妥善解决"组合问题",创新以失败告终将是意料之中的事。

以配套机制为例,有些公司虽然成立了相关负责部门,又设立了创新基金,但资源和决策权由与创新无直接关系的战略部门掌握,这样的创新恐怕难有成效。

创新,应该不是是非题,而是选择题。创新若想成功,天时、地利、人和缺一不可。

> **本节思考重点**
>
> 既然创新的短期利益不明显，那么我们应该如何说服高管进行创新？

3.3 天时者，机会、贵人、时势

在天时、地利、人和中哪个最重要？

如果你在 2012 年问我这个问题，我当时刚获得 B 公司的支持，团队跟着我从 A 公司到了 B 公司，那么我的回答是人和最重要；如果你在 2015 年问我这个问题，当时 B 公司正面临解散的危机，那么我的回答是地利最重要；但现在如果你再问我这个问题，我的回答是天时最重要。

2017 年 9 月，我曾接受某人寿保险公司的邀请做分享，主题是科技创新的保险应用与探索，当时我详细介绍了自己在保险科技与科技保险方面的经验。

实际上，原本的主题只有"应用"，后来才增加了"探索"，以介绍金融科技与产品创新的必经之路，以及监管部门的支持对科技创新的重要性。

当然，天时、地利、人和三者都重要。如果少了地利（舞台）和人和（团队），那么我们仍然很难成事。

不过，我现在认为地利与人和是可以通过寻找而达成的，但天时就是机会，而我们能做的是审时度势，并且最好顺势而为。

因此，如果我们进行创业，或者在努力之后遇到瓶颈，乃至最后以失败告终，那么我们都没必要气馁。上帝关了一扇门，也会为我们打开一扇窗。

凡欲成事，在天时、地利、人和之中，天时最重要。按照现在的说法，天时就是机会、贵人、时势，而且无论创业还是就业都适用。

本节思考重点

你同意我分享的关于天时、地利、人和的观点吗？为什么？

3.4 金融科技创新有四点坚持，但每个成功都独一无二

创新需要包容，允许试错，我们必须一边坚持，一边调整。以下是我在亲自组建第三方平台后对金融科技创新的一点感受，或许能为想在这个领域创业的朋友提供参考。

1. 要"曲线救国"

对金融保险业而言，我们要拥抱趋势和变化，用科技改变生活。创新的步调正在加快，对科技领域而言，我们要遵守行业的经营规

范并防范风险。

我认为,无论哪种商业模式,只要能跨越科技和金融保险之间的鸿沟,连接两端的需求,便可自然形成天然的竞争壁垒。

2. 贵在坚持

很多创新都是从"小"开始的,但"小"不是劣势。

如果我们缺少流量和客户,那么就要设法掌握互联网资源,开发拥有竞争壁垒的互联网产品,通过创新形成差异,这样才有机会胜出。

3. 要争夺客户资源

如今,互联网可能改变行业生态。公司只有以客户为中心,重视客户体验,才会有发展的机会。

对金融控股公司而言,要想成立独立的第三方平台,首先要思考的是定位及顶层设计。

第三方平台可以帮金融控股公司拓展外部市场,争夺非金融保险业的客户资源,并结合既有的线下渠道形成O2O之势,满足大众在衣、食、住、行等方面的金融理财需求。

4. 要创造价值

我始终认为,在这场以金融保险为核心的竞争中,谁能把资源整合到位、突破既有的障碍,谁就有机会取得成功。

当我在保险公司工作时,高管在我的管理日志中写下"公司的未来就靠你了"这句话。对此,除了感动,我更认识到这是团队存在的意义。

近年来,各大互联网巨头积极寻求机会,不约而同地选择了"金融"作为下一个战略目标和增长点。这也使得互联网与金融之间产生激烈碰撞。

碰撞必会产生火花,但什么才是互联网金融的成功商业模式?没有人知道,大家都在朝自己认为可行的方向努力。正因为如此,每个人的机会都不一样,因为握有的资源不同,所面临的问题也不同。

最后,分享一下当年我以第三方平台创始人身份给团队内部做的总结。

创新太难了!

伙伴们:

今天的多元创新,走在发现蓝海、开创蓝海的道路上,面对金融保险业这个传统、受保护的行业,从无到有,从失落的世界到美丽新天地,从被遗忘、被放弃到被重视,这个过程犹如寒天饮冰水,冷暖自知。

多数人都害怕创新,因为创新有风险。创新的成功与否存在偶然性,是天时、地利、人和的综合结果,但如果没有一群人兢兢业业地推动,一点一点地改变,创新便不会存在。

创新的两大天时,一是自身面临不创新就被淘汰的处境,二是异业开始进来搅局。创新的最大地利是平台,平台很重要!不是每家公司、每位领导者都能够接受这个过程。事实上,只有少数有远见的人才能看到未来。

创新更需要人和。企业和个人选择相对安稳的发展道路,失去的是改变行业、改变生态和制定行业游戏规则的机会。不是所有企业和个人都能创新,如果你不能创新,那么就不要整天说:我要改变行业。

想做、要做、能做缺一不可。光想而不行动，有行动而得不到支持，得到支持而无法坚持，都不可能成功。

正因为难，所以你有存在的价值！

之所以难，是因为你正试图去改变别人的思维！

不要怕难，如果你连创新的勇气都没有，就更将陷入苦战！

创新，实在太难了！

本节思考重点

1. 为什么要"曲线救国"？因为趋势不会变，但路径可以变。

2. 为什么贵在坚持？因为坚持是成功的基本要求。创新不会一蹴而就，你将遇到许多挫折，找到坚持下去的方法是必修课。

3. 为什么要争夺客户资源？在互联网中，客户资源就是宝藏，擅用宝藏者得天下。

4. 为什么要创造价值？因为创造价值是创新的基本要求。所以，对于无法创造价值的创新，你要趁早放弃。

3.5 公司内创业：创业不是目的，是成就梦想的选择

我在金融保险业从事多元创新近 30 年时间，主要身份是专业经

理人，也曾在高管的支持下于公司内创业。我一向提倡公司内创业家精神，更致力于通过创新来扩张边界。

与多数人所认识的创业不同，我在2012年以创始人身份建立了一家新创公司。

刚开始，我和其他人一样，在市场上寻找投资者。公司起步早，实力不足，就在我要放弃的时候，一家保险公司的高管突然找到我，他让我带着一些有互联网背景的伙伴，走上了截然不同的道路——公司内创业。

聊创业经验，便不能不提我所在的金融保险业，也必须谈谈什么是互联网金融。在了解这些之前，我要提醒读者，这个案例属于金融保险业，是以保险公司为母公司的公司内创业，我们营运的是独立的第三方互联网金融平台。

金融保险业是特许行业，相对于其他行业而言传统而保守。即使现在，无论金融保险业还是互联网行业，很多人仍不清楚互联网金融与金融互联网的本质区别。

互联网金融的核心是金融，不是互联网。简单来说，互联网金融是互联网与金融两种截然不同的"基因"的重组，是科技对传统金融业的变革，是天时、地利、人和共同作用的结果。

根据我多年的观察，背离这个核心的互联网金融创新与创业，不仅难以成功，甚至可能引发较大的问题。

我作为市场先行者，一开始的挑战主要来自作为发起人的保险公司。当时，最大的质疑有两点：一是以保险公司为发起人的公司将不兼容于其他金融公司；二是以API为接口的B2B平台或许将不被金融市场所接受。

经过论证，我们决定选择一款有刚性需求的保险产品进入市场，同时提供"获客"解决方案，解决保险电销的痛点，这种方法事后证明是有效的。

最终，我们以创新的车险导购和互联网"获客"为突破口，与多家产寿险公司、银行、互联网平台展开合作。公司运营的第一年我们就获得了300万名客户。

回想当年建立新创公司的经历，我认为自己当时算是有了创业初期最重要的"柴"和"火"。"柴"是资金，"火"是团队，缺一不可。

我经常自问，也会问团队成员："你要追求什么梦想？你坚持的意义是什么？"

我的想法是，努力做引领市场、改变行业等不一样的事。并且唯有找到具有相同想法的人，我们才能组成有战斗力的团队。

若想进行创新，最大的阻力往往来自公司内部。公司内部有矛盾也并非不正常，但负面情绪要及时排解，创新的种子才有机会茁壮成长。

创业的关键在于团队及团队执行力。如果你问我，若有机会你还会再创业吗？我觉得不能把创业当成目的，它应该是一种成就梦想的选择。

本节思考重点

1. 你怎么理解互联网金融？

2. 你是否曾想做引领市场、改变行业等与众不同的事？是什么事？

3. 为什么当公司进行创新时，最大的阻力往往来自公司内部？应该怎么解决？

4. 你有什么梦想？用哪些方法可以实现？

3.6 乐正绫、洛天依和初音未来，用创新抓住历史机遇

乐正绫和洛天依是当今虚拟偶像的代表，与初音未来一样，它们都有自己的歌曲和粉丝。尽管它们是被创造出来的虚拟偶像，但为公司创造的财富却是真实的。

相关数据显示，在 20 岁及以下群体最喜爱的偶像类型中，虚拟偶像的占比是 15.7%，位居第五，仅次于影视演员、歌手、作家、文化学者。

这种由虚拟偶像在真实世界创造的虚拟经济，或许将带来无限可能。

从本质上来看，这些虚拟偶像是公司将产品、服务、品牌拟人化后产生的。

痛点在哪里，市场就在哪里。

如果你玩互联网游戏，你就不免会担心，互联网游戏世界中的虚拟装备、账户会不会被盗？一旦被盗，该怎么办？如果你经营游戏公司，那么当你碰到上述问题时，会选择怎么处理？

2011年，虚拟财产险和宝物银行就在这样的背景下诞生了。当年，我们与游戏公司联手，开启了保险通往互联网游戏世界的大门，图 3-1 为游戏保险发布会。

图 3-1　游戏保险发布会

2011年，互联网游戏虽然已经非常盛行了，但游戏的装备、账户经常被盗，由此引发的纠纷也不断发生。

既然有风险，理论上便有保险存在的价值。然而，面对虚拟财产，一座大山挡在了保险公司面前：什么是虚拟财产？

紧接着是三个待克服的关键问题：

1. 如何从众多虚拟财产中区分出可量化、具有明确价值的那一部分？

2. 如何计算虚拟财产的价值？

3. 如何解决客户的信任问题？如何对客户的损失进行专业而中立的核查？

对虚拟财产的价值,我们通过客户投入的时间及购买时的价格进行计算。

对客户的信任问题,我们建立了中立的核查和监督机制,开创性地引入中国版权保护中心作为第三方数据安全监督机构,使损失赔偿有可靠的认证依据,并防范道德风险。

与此同时,我们开发了第三方互联网游戏数据托管平台宝物银行,以便把所有重要的数据都记录和储存下来,供日后理赔时查询。

在营销方面,我们在北京"水立方"举办发布会,并通过微博进行现场转播。当年,我们还采用了全息投影技术,希望能让发布会更加引人注目。

整个过程,从启动到上线,共 9 个月。在产品上线后,其他游戏公司、游戏交易平台开始联系我们,希望寻求合作。

游戏保险的市场需求开始受到关注,之后,个人消费的虚拟财产损失险陆续上线,游戏保险正式进入规模化发展的快速通道。

从乐正绫、洛天依和初音未来的大受欢迎,足以见得互联网时代会有无限可能!然而,要想抓住机遇,少了创新恐怕很难。

本节思考重点

有痛点,便有市场。你还了解哪些虚拟经济?

3.7 新创公司适合做 2C 保险平台吗

有位朋友问我:"新创公司适合做 2C 保险平台吗?"这个问题恐怕没有标准答案,因为这个问题有五个互相影响的关键点,包括新创公司、2C、保险、平台、"烧钱"。

分析这五个关键点目的是了解自己所处的位置,SWOT 分析可以帮我们了解自己的优劣和劣势及市场的机会和威胁。

通常,做 2C 生意肯定比做 2B 生意更"烧钱"。从新创公司的角度看,如果背后有个"富爸爸",难道就可以"烧更多钱"吗?或者,我们是"光杆司令",带着"两杆枪",就注定不能做 2C 平台吗?我觉得,这要考虑背后的主客观条件和所处的大环境。

如果公司的背后有像银行、保险公司这样的"富爸爸",那么或许公司有比较深的"口袋",但无法保证公司可以"烧更多钱",因为这位"富爸爸"可能会过多地干涉你。

如果我们只有"两杆枪",那么也不表示不能"烧钱",只是我们必须把商业模式想得更清楚。很多新创公司在没有想清楚如何赚钱之前便贸然投入,以为有了流量和客户,就肯定可以拿到融资生存下来,这存在很大的风险。

还有,我们想要做的是哪一种保险?保险与餐饮不同,保险的需求是被引发的。目前看来,只有车险是刚需,因为只要客户有车,按照法律规定,就必须得买车险。

然而我们能想到的，别人也能想到，这意味着我们将面临相当严峻的竞争。所以，在谈到商业模式时，才会有"唯快不破"的说法。

有人觉得平台难做，所以就劝别人不要做平台，我认为这是一种倒果为因的说法。从另一个角度看，正是因为平台难做，一旦做起来，才会很有价值。

平台难做，是因为我们必须考虑商业模式的两端，要能同时为两端带来价值。所以，平台不是不能做，而是我们必须先想透它的商业模式，这样才有机会成功。

平台也不是只有大型的金融机构、互联网公司才能做。这些大型的机构和公司，纵使拥有大量资源，因为曾经太过成功，反而容易遇到转型障碍和更大的阻力。

以我曾经经营过的 B2C 保险平台为例，我们在考虑了当时外在的市场环境和自己的资源条件后，决定为保险公司做车险导购，也就是说，这个 B2C 平台的 B 端是保险公司，C 端是车主。

但是，车主在什么地方？为了找到车主，我们和拥有车主的网站合作，所以这其实是一个"B2B2C"的商业模式。平台的收入初期来自保险公司提供的服务费，同时平台还需向那些拥有车主的网站支付费用。

对保险公司而言，我们是通过广告和活动提供技术支持与服务的第三方平台，因此不需要申请保险经代牌照，可以节省一部分成本和时间。

所以，一家新创公司到底能不能做 2C 保险平台，其实并没有标准答案。如果不进行仔细了解，那么我们很可能会被误导。

本节思考重点

1. 你觉得新创公司在思考商业模式的时候应该注意什么？

2. 在现实中，很多问题没有标准答案，最适合自己的就是标准答案。

3.8 网约车带来的启示：以终为始、面向未来

2016 年，Uber 开始退出中国市场。不同国家、不同城市对网约车的态度大不相同。我个人倾向于以终为始、面向未来的观点，从这个观点看问题便很清晰——数字时代，我们想站在什么位置？

新商业模式的兴起，原因大多是存在痛点。各个市场因为痛点不同，受到的影响也不一样。

2016 年，网约车合法化，为民众的出行带来了全新的选择。在政策的支持下，网约车的发展促进了传统出租车行业转型，也进一步推动了共享经济的发展。

《网络预约出租汽车经营服务管理办法》对出租汽车、司机、平台均提出了明确的要求。一般认为，此办法对乘客的保障有所提高，对可从事网约车的出租汽车、司机、平台有较大的限制。

2018 年发生了多起乘客遇害事件，导致网约车的发展受阻，民众要求政府加强管理的呼声再次提高。

如何处理网约车发展过程中的问题？若回到以终为始、面向未

来的观点,答案就很清晰了——明确我们未来的方向和目标。

要想突破现状,政府有责任营造一个鼓励创新的环境,我们也要宽容试错,要敢于脱离舒适圈,迎接变革。

本节思考重点

1. 除了市场,无论公司还是个人都要以终为始、面向未来,你同意吗?

2. 科技正在取代很多人的工作,同时也在创造更多的工作机会。不过,你需要更强的能力才能胜任新的工作。

第4章
营销与渠道

想要寻找未来的利基市场，或许没有最佳方案，但有比较合适的方案。科技将把原本的不可能变为可能。那么，我们应该如何发起和面对价格战？比较好的竞争策略不是依靠价格，而是让客户感受到与众不同。

本章将先回顾电销的发展史，再分析科技如何赋能渠道。然后，本章将从数据库营销的角度介绍大数据。最后，本章将介绍商机管理和营销漏斗。

4.1　营销趋势大变革：没有最佳方案，只有比较合适的方案

进入21世纪，随着科技的发展，个性化营销和数据战，公司的市场定位越来越精准。

对于消费市场，我们熟知的方法，我们的竞争对手也同样熟知。

面对瞬息万变的市场,如何取得优势?面对变革,我们需要进行逆向思考。

过去的销售从产品和广告出发,到客户为止。如今,我们要从客户倒推回来,先明确目标市场和客户,以及要与客户建立何种关系,最后再拟订调研计划、媒体策略、产品策略、定价策略、渠道策略等。

受科技的影响,以下几个营销新观点值得我们关注,如图4-1所示。

图4-1 营销新观点

如果你负责营销规划,那么我的建议是从以下不同角度,思考并构建个性化营销方案。

1. 智能手机、移动互联网,让客户有了互相交流的机会。

2. 我们要以客户为导向,能为客户创造价值的创意才有价值。

3. 未来比拼的不是人力和地点,是数据。

4. 通过计算LTV(客户终身价值)、CAC(客户获取成本),我们能够了解客户的投资价值。

5. 广告不只是单向传达信息,而是要能"听取"客户的意见。

6. 在某种程度上，促销活动不是你办的，而是你的客户办的。

7. 以前的独特销售主张转变为附加价值主张和客户体验主张。

8. 用多样化的营销渠道和沟通渠道获取客户、服务客户。

营销人员每天都在处理市场、客户、产品、推广等相关问题。以下是一些逆向思考，供读者参考。

1. 过去，你可以只为最好的客户提供最好的服务，再从他们身上获取报酬。如今，你是否可以调整产品、价格和服务策略，以寻找更好的市场？

2. 如何收集客户数据？除了过去的免费保险，你是否可以和第三方合作，通过线上为线下"获客"？

3. 如何通过积分活动、会员体系、事件营销、社群营销等培养潜在客户？

4. 客户的行为数据获取较为困难，你能否从现有的数据库中进行 RFM 分析（或 LRFM 分析）[①]？

5. 你能否找出具有某些特色的客户，为他们推出新的服务或产品，不打价格战，只和对的人做生意？

6. 在互联网时代，如何培养客户忠诚度？

7. 哪些客户对你有贡献？如果受众越来越小，那么品牌宣传和知名度推广是否还有意义？

---

① RFM 代表 Recency、Frequency、Monetary，是一种直观、简易、有效的数据分析模式，指的是分析客户最近一次的交易，包括交易的频次、交易的金额。

不过，近年来，有一种说法是在 RFM 之前加上 L（Length），代表产生交易或维持关系的时间长短。

8. 如何争夺竞争对手的客户？

9. 如何通过广告、讲座、促销等手段来丰富数据库？

10. 在选择目标市场的时候，你是否考虑了市场的整体情况和客户对创新的接受度？

11. 如何用交互式广告取代单向式广告？

12. 如何设计你的活动（例如问卷）以帮助公司获取优质客户？

13. 如何通过有效的数据分析推动业务发展？

14. 公司的"认同卡"已经过时了吗？它还是有价值的营销工具吗？是否应该发行"虚拟卡"？

15. 什么是以客户为导向？它对公司有何意义？

16. 面对风险，创业圈"MVP"（最简可行产品）的概念值得我们参考吗？

17. 在购买行为中，谁是决策者？谁又是影响者？

18. 针对保险业，除了整体投保率，你注意到各细分市场的投保率了吗？如以年龄、性别、职业划分的细分市场。

19. 哪些是现在的热门市场？哪些可能是未来的热门市场？

20. 哪些是现在的热门产品？哪些可能是未来的热门产品？

21. 其他行业有可参考的"他山之石"吗？

22. 如何成为特定市场的领先者？

23. 如何发展互联网市场？如何发掘物联网商机？

24. 如何开展O2O、OTC等非传统营销？

资源有限，创意无限。营销人员面临的跨界挑战和转型压力正变得越来越大。

本节思考重点

1. 全球的营销趋势不断变化，背后的原因是什么？
2. 从营销新观点到逆向思考，你发现了哪些机会？

4.2 保险产品可以打折吗？

保险产品可以打折吗？受金融科技的影响，保险产品以前的定价机制正受到挑战。越来越多的保险产品支持按需使用和按需付费。

以车联网保险为例，它可以按使用天数、行驶里程计费，也可以按人定价，大大优于目前按年计费、按车定价的传统车险。

在万物互联的物联网时代，传统保险应该如何融入新的生活场景？又应该如何满足客户的碎片化需求？

保险产品可以打折，也可以促销。促销不是打价格战，而是要让更多的好产品去满足市场的需求，让客户的需求得到更充分的满足。

其实，促销只是一时的手段，精准的客户、有价值的产品、良好的线上线下体验、物超所值的性价比，这些都比促销更重要。

> **本节思考重点**
>
> 1. 保险产品可以变成数字化产品吗？
> 2. 面对物联网，传统保险能融入新的生活场景吗？

4.3 价格战之前：能免则免

保险的未来将是细分市场林立的世界。在这个世界中，保险的价格不再统一，而是根据客户的不同需求和风险来确定。

虽然价格是市场化行为，但无序的价格战不可取。对金融保险业来说，价格监管过严或过松，都不利于其发展。

我并不支持价格战，因为价格战既劳民又伤财，既损人又不利己。但不可否认，价格战是商战的一种，无论主动出击还是被逼无奈，很多事情我们都得提前考虑。

价格战，从宏观上来讲，就是价格破坏战略，目的大多为突破竞争、促进销售、制造市场话题。公司在斟酌是否该引发或参与价格战之前，可以考虑以下几点。

1. 典型的价格战就是大促销，例如"双十一"大促、百货周年庆等。受挑战的是公司，而不是平台，这是一种纯粹的价格竞争。对于薄利多销的产品来说，公司的盈利空间会受到哪些影响，我们都需要做好分析评估。

2. 理论上来说，因为是直接面对客户，线上的直营成本会比第三方平台低；但实际上，一旦通过非直营的第三方平台，例如淘宝或中间代理网站，互联网销售的成本优势就不再明显。

3. 如果相同的产品在不同渠道存在价格差异，那么便会形成价格竞争，造成渠道之间的矛盾及客户的困扰。因此，将差异化产品与价格战配套是比较好的做法。

4. 价格战一旦开打，公司就必须提前预测竞争对手的行为。例如，公司下一步的做法是什么？是否继续降价？继续降价将进一步压缩公司的利润，会不会引来新一轮的价格战？

5. 一旦市场完全陷入价格战，我们应提前想好全身而退的方法。

6. 如果要实施价格战，那么我们必须提前准备配套措施，包括产品上线的时间、宣传造势和营销活动等。

差异化和专属性是避免价格战给公司带来负面影响的两种常见手段。

除了产品本身，我们也可以考虑将差异化和专属性运用在销售流程和客户上，具体方法如下。

1. 销售流程：由于产品的种类和数量有限，再加上单一渠道对产品的"独卖、限定、特惠"，都可能引起其他渠道的反弹。因此，我们可以选择从流程上实施不同渠道之间的差异化策略，例如，让客户对特卖产品进行自行组合或组织社群让客户参与团购等。

2. 客户：将特惠产品变成公司现有客户专享的产品。

以上内容如果你都认真考虑过，那么你就可以准备迎接价格战了。

> **本节思考重点**
>
> 有没有可以避免价格战的办法?

4.4 价格战准备第 1 部分:为何而战

在必须用价格战应对市场竞争的时候,我们该如何规划?下面这些建议供大家参考。

打价格战,一种方式是公司少收费,甚至不收费;另一种方式是费用维持不变,但同时以其他方式给客户返利,例如优惠券、增值服务等。

至于如何选择,我们可以考虑客户是否对价格敏感。如果客户对价格敏感,那么一场以折扣为主导的价格战恐怕难以避免。

请先问自己:客户会愿意为了什么而多掏钱?

对于不同行业、不同公司来说,这个问题没有标准答案。我们可以从以下方面思考。

一般来说,客户愿意多掏钱的原因包括营销诱因、产品特色、专业服务、公司声誉、个人口碑、服务体验(细节与态度)、附加值等。

如果客户对价格不太敏感,上述方面我们也有一定的竞争力,那么我们可以选择不参与价格战。

但是，如果客户对价格非常敏感，并且我们有弱项，而竞争对手正抓住这个弱项对我们展开攻击，那么或许我们应该积极参与价格战。

既然决定参与价格战，那么我们就必须了解为何而战。

首先是目的。目的是公司参与价格战的最高指导原则。某公司旗下一家刚进入市场不久的子公司，它参与价格战的目的可能如下。

1. 拓展市场，突破现有的销售困境。

2. 找到利基市场，全力获取客户。

其次是目标。我们还要清楚每个阶段应该做什么、如何掌握节奏，以及各阶段之间如何衔接。

如果某公司为了获取中高端客户（对象），打算以附加值作为打价格战的工具（因为中高端客户对价格不敏感），那么它的目标可能如下。

1. 短期（第一个月）：选择直营渠道，测试客户对附加值的反应。

2. 中期（第二个月）：根据测试结果，将其他子公司和各渠道一并纳入，开始全面推动价格战。

3. 长期（第三个月）：进行总体评估，并着手整合贵宾服务和客户管理体系。

对营销人员来说，应对价格战，明确目标客户是十分必要的。此外，营销人员要正视自己的长处和短处，取长补短，从数据中了解客户的消费行为和消费习惯，分析客户画像，再制订后续的营销计划。

打价格战，公司可以从以下四个方面着手，拟订不同策略。

1. 分众及目标市场营销：这意味着公司不是在全市场打价格战，因为价格战的成本极高。如果打了一半因为"子弹"不够必须退出，那么之前的努力便付诸东流了。

2. 市场细分：我们要找到目标客户，有针对性地打价格战。

3. 足够好的价格：对于公司的经营来说，定价策略是成败的关键。原本公司的价格处在市场供需的平衡点上，但硬是被竞争对手破坏了。并且这种破坏很可能不会考虑成本和效益，只是为了抢占市场份额，导致以前的定价机制不再有效。

此时，我们可以提出足够好的价格，而不是最低的价格，同时搭配其他有价值的产品和服务，对客户展开攻势。

4. 有价值的营销工具：低价就是硬道理吗？如果不是，那么类似附加值等有价值的营销工具，便是我们在打价格战时可以使用的"武器"之一。

本节思考重点

你会主动发起价格战吗？

4.5 价格战准备第 2 部分：以战止战

面对价格战，除了选择降价，还有许多方案，我在这里介绍几种方案，供大家参考。

客户在意什么？除了价格，客户还对什么感兴趣？

我们能否通过提升价值来取代降价？我们可以借助市场调研等方式，获得想要的信息。

对价格比较敏感的客户会被有价值的服务所吸引。通过提升价值，我们可以将只注重价格的客户筛选出来。这样可以避免当公司发起价格战时伤害原有老客户的心。

哪些服务可以满足客户的需求？是实体的赠品，还是虚拟的优惠、积分、权益、附加值？

例如，花旗银行很少跟风打价格战，但其客户可以享受很有吸引力的独家权益。

2018年，知名歌手凯蒂·佩瑞（Katy Perry）举办演唱会，在门票开始预售的两天前，只有使用花旗银行信用卡的客户才可以在线上购买门票，这个独家权益让没有花旗银行信用卡的粉丝很羡慕。

什么样的服务能吸引客户？

我们可以考虑几个要点：让客户觉得物超所值、避开现有的市场竞争等。

如何经营细分市场？

经营细分市场，可以避免价格战；即使面临价格战，公司也可以将打击面尽可能缩小到一定范围内。

很多公司会把客户进行分类和分级管理，并为客户提供差异化服务，例如记名会员卡、积分换大礼、生日当天权益等。

如何计算成本和效益并控制成本？

无论采用哪种形式打价格战，都需要控制成本。这里的成本，可以是具体的费用，也可以泛指机会成本，以及因为各种选择而造成的影响。

例如，我们打算针对一项售价5000元的产品打价格战，并且可拿出售价的2%作为成本来为客户提供赠品或优惠，所以这里的成本就是100（5000×2%）元。

我们可以采取限定名额的总成本控制法，这样不仅可以将总成本控制在一定范围内，而且在活动结束后还可以得到丰厚的利润。

我们也可以采取时间限定法，但其成本不好控制，所以我们要提前考虑如果市场反应十分火爆，那么应该如何应对。

一旦出错，我们应该怎么办？

只要客户感受得到我们的诚意，当我们达到最初设想的目标时就可以准备全身而退了。然而，有时不管我们多么小心谨慎，还是会出错。这时应该怎么办？

出错的原因，可能是人为失误或存在技术漏洞。

2019年年初，拼多多的系统出现漏洞，客户可以随意领取100元无门槛优惠券，导致该平台损失惨重。事后，拼多多除了紧急修复漏洞，还对涉事订单进行溯源追查，并向公安机关报案。

最后，我们总结一下：

1. 客户在意什么？除了价格，客户还对什么感兴趣？核心是通过提升价值来取代降价。

2. 哪些服务可以满足客户的需求？独家权益是个不错的方法。

3. 什么样的服务能吸引客户？让客户感受到自己的与众不同。

4. 如何经营细分市场？用细分市场缩小打击面，用差异化服务对客户进行分类和分级管理。

5. 如何计算成本和效益并控制成本？具体的费用好计算，机会成本难以计算。

6. 一旦出错，我们应该怎么办？此时，信誉和品牌比善后增加的成本更重要。

本节思考重点

1. 你认为花旗银行的竞争策略是什么？
2. 你经历过价格战吗？结果如何？

4.6 电销发展史：从人机结合到科技赋能

首先说明，这里介绍的电销并非业务员使用电话黄页或名单盲目地拨打电话，而是一种系统性的营销方式。

电销在经历高速发展后，陷入了发展困境，面临成本提升、效益下降等问题。

近几年，电销开始积极转型，并与互联网结合，形成了网电模式；同时借助科技，发展科技电销。

电销的发展大致可以分为五个阶段，电销在困境中的突破和转型值得大家借鉴。

MPG 外呼模式

电销的发展与手机的普及息息相关。MPG 是"Mail-Phone-Get"的缩写，意思是"直邮－外呼－成交"，如图 4-2 所示。

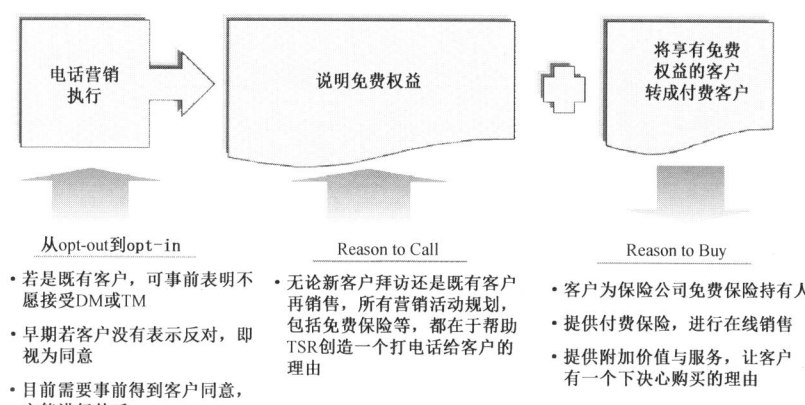

图 4-2　MPG 外呼模式

早期的电销大多与银行信用卡合作，以银行和客服的名义呼出；后来，因为成本考量，改为直接呼出。

为了吸引客户，保险公司会提供免费赠险，一方面它是和客户第一次接触的由头；另一方面它也是日后说服客户购买付费保险的重要因素。

电销业务员需要按照严格的话术、时间节奏接触潜在客户，为其提供优质的服务。在顺利成交后，再通过定期提升保额、交叉销售其他产品来增加利润。

大众呼入模式

大众呼入模式的英文是"Inbound Marketing"，也可以直接翻译为"集客营销"。目前,仍然有保险公司采用这种模式。

简单地说,这是一种利用各种媒体,包括电视广告、社群网络等,吸引客户主动拨打客服电话的营销模式,如图4-3所示。

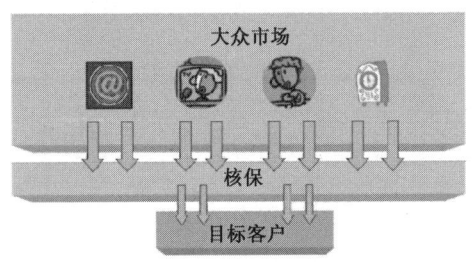

图4-3 大众呼入模式

由于公司需要被动地等待来电,所以这种模式的成功要素主要是品牌效应、有吸引力的产品、让客户采取行动的诱因(包括呼入咨询和实际购买)、价格优势、优质的服务等。

大众呼入模式的转化率比 MPG 外呼模式的转化率高很多,但公司必须针对产品诉求,谨慎选择客户及媒体。

另外,我们要提前做好成本和效益评估和损益平衡测算,选择以成交率计费的方式,让媒体投放广告的频率维持适度节奏,这样会对此模式的良性发展有很大的帮助。

"呼入+呼出"的整合模式

顾名思义,这是上述两种模式的整合。一方面,我们可以通过媒体预热,吸引第一波客户主动呼入;另一方面,我们可以通过电销业务员,以呼出的方式直接接触客户,促成销售。

对于"呼入+呼出"的整合模式,早期我们要进行电子邮件投递,公司网站也要同步进行互联网销售。但由于互联网销售的规模日益扩大,网电逐步分离,电销仅将公司网站作为一个展示信息的平台,主要的销售业绩依然来自负责外呼的电销业务员。

后来，这种模式逐渐变为互联网"获客"、电销跟进的模式，其实也就是在网电分离后，两个渠道重新融合的结果。

数据库营销呼出模式

这是一种以数据为导向、以客户为中心的电销模式，其亮点在于对客户的消费行为进行分析，通过建模选择目标客户。

客户是公司发展与获利的驱动者，与之相关的数据便成为数据库营销的"引擎"。

以网电为代表的科技电销模式

当今，手机的功能越来越强大，它不再只是打电话的通信设备。App 经济迅速崛起，连接各种不同需求、产品的场景开始出现，催生了大量商机。

互联网的浪潮已至，电销本身的可经营数据资源匮乏，促成了网电融合。

通过互联网"获客"的途径有很多，例如自建网站、开通微博、开通微信公众号、与第三方合作等。

我把网电比喻为互联网和电销之间的O2O。通常运用科技电销模式的公司都有自己的电子化营销布局，将电销中心、客服中心、网站、微信和微博等客户接触点纳入销售端，结合前台"获客"和后台支持为客户提供服务。

有些公司会借助网电，把原本只销售单一产品的电销业务员转为客户经理，同时运用客户体验经营思维，改进客户服务的机制与流程。关于科技电销模式，我在其他章会专门介绍，这里不再赘述。

本节思考重点

1. 电销的发展是从有线到无线，再到与科技结合。反观其他渠道，无论传统渠道的电子化，还是传统渠道和科技融合成为新渠道，电销有哪些可以借鉴的地方？

2. 电销有可能被人工智能取代，对此你怎么看？

3. 你是否想过，当物联网时代来临时，所有联网设备本身就是渠道，届时电销和其他渠道将何去何从？

4.7 致合作伙伴：这是个互利赛局，不是谁占了谁的便宜

未来，金融保险业必将与科技更深入地融合，而跨界合作也会越来越多。基于多年的跨界经验，以下是我给合作双方的建议。

1. 金融科技靠的是在金融保险业这片"沃土"上"深耕"，并以互联网思维来经营。主动跨界的一方应该学习、尊重被跨界的另一方。

2. 金融科技不只是将线下的产品搬到线上销售，而是要把金融科技化，用科技为金融保险业赋能。线上不能脱离线下，虚拟需要结合现实。

3. 从目前的情况来看，金融保险产品的转化率比快消品的转化率低是正常的，因为它们的本质不同。

4. 保险的需求需要被激发。初期，碎片化发展、场景化搭售是了解渠道特性和客户画像的重要方法；如果是长期保险，那么线上与线下的合作是当下较好的方式。

5. 把数据作为定价和计费基础的产品是未来真正意义上的数字金融产品，但何时能实现，取决于市场的供需两端。

6. 保险虽然不是刚需，但其实人人都需要保险。

7. 对于金融科技带来的新机会，如果我们现在不去思考和尝试，那么以后我们便会后悔。

8. 互联网快消品的成功经验，不能简单复制到金融保险产品上，因为两者之间存在"基因"差异。差异的源头是客户和需求。

9. 既然是客户的自主选择，公司就应该考虑如何满足客户需求，让客户决定跟谁接触、在什么时间接触、怎么接触。

10. 无论直投模式、网电模式，还是O2O模式，都值得我们尝试。

11. 无法创造价值的创新没有意义，所以不要盲目地追求创新。

12. 合作伙伴的意义是：我相信我可以帮你，我也相信你可以帮我。**这是个互利赛局，不是谁占了谁的便宜。**如果你不能与对方共荣、共赢，就不要与他合作。

关于跨界合作，我常用便利店举例。近几年，便利店在各地的竞争已经趋于白热化，复合式便利店成为新的策略。

复合式便利店是典型的跨界合作，例如"便利店+超市""便利店+餐厅"等。这种合作表面上看似随机，实际上是双方站在客户的角度，经过深思熟虑的结果。

事实证明，复合式便利店非常成功，比起普通的便利店，复合式便利店的客户到访数量和营业额至少多出两成。

全家便利店携手天和鲜物开设"便利店餐厅",主打"主厨驻点",提供多种现点现做的料理;7-ELEVEN 与达美乐比萨结盟,推出"7-ELEVEN 达美乐比萨复合店",这不仅是 7-ELEVEN 首度与外部品牌合作,更是达美乐比萨在全球第一次与便利店融合的尝试。

有句话说得极好:如果你想走得快,就自己走;如果你想走得远,就与合作伙伴一起走。

本节思考重点

1. 你怎么看待金融科技?
2. 跨界合作最大的挑战是什么?

4.8 跨界竞争:两个平行世界在碰撞

金融科技不是简单地将线下产品搬到线上销售,而是把金融科技化,用科技为金融保险业赋能。

有人说,现在是科技"跨界打劫"各行各业的时代。我认为,比起跨界竞争,"跨界打劫"更让人惊心动魄。两者的差异在于跨界竞争是有组织的策划,而"跨界打劫"则更像随意而为。

例如,苹果公司把上网、听音乐、玩游戏和打电话的功能整合在一起，把功能性手机变成了智能手机并因此打败了诺基亚，这是跨界竞争；而打败尼康单反相机的智能手机便像"跨界打劫"。

手机和相机两者本来就属于不同的领域，不同的公司也在各自领域各有所长。当科技模糊了两个领域的界线时，跨界竞战便无法避免。

只不过我们可能需要每天用手机打电话，却不见得需要每天把高规格的相机带在身上。所以，搭载照相功能的手机市场广阔，但如果在相机上加上通话功能则显得多此一举。

与之类似的现象开始在保险业出现，例如众筹、点对点保险等。

如今，水滴筹、轻松筹、壁虎互助这些点对点保险正通过科技赋能走上合规经营的道路，同时也在积极寻求监管部门对新保险模式的牌照支持。

无论跨界竞争还是"跨界打劫"，传递的信息都是拓展你的思维。面对数字世界，公司若要可持续发展，就必须持续培养跨领域的专业人才，学会合作共赢。

不过，金融保险公司能简单地选择跨界合作这条路吗？我想，面对多元的发展模式，提高"获客"和盈利转化能力才是相对可靠的方法。

本节思考重点

1. 跨界合作的最大挑战是融合。为什么？该怎么解决？

2. 面对来势汹汹的科技，选择与平台进行跨界合作会不会是"养虎为患"？

4.9 数据库营销：从产品导向到客户导向

数据库营销是融合资料统计和分析技术，通过建立模型以解决问题的应用科学。在营销方面，数据科学家通过建立模型，既能分析过去，也能预测未来。

数据库营销和大数据有异曲同工之处。不过，数据库营销不等于大数据，在商业智慧、商业模式及处理数据的规模和类型上，数据库营销都不及大数据。

在大数据未出现之前，数据库营销的分析和预测能力备受肯定。因此，我想从现有数据库营销的角度切入，带大家了解数据的经营，并探索大数据的应用场景。

在生活中，越来越多的活动正在走向数字化，将这些数据综合起来，便构成了一幅客户行为模式图。

如今，智能手机所产生的数据无处不在，这些数据构成了庞大的元数据，元数据又进一步构成了大数据。数据安全和个人资料保护等问题逐渐涌现，这要求公司在追求利益的同时，防止滥用客户数据。

公司在制定数据策略之前，应该梳理以下问题。

1. 以营销还是服务为主要目的？
2. 想解决哪些问题？
3. 公司了解现有客户的属性吗？
4. 能不能通过分析这些属性来发掘更多客户？

5. 能不能通过现有技术来发掘客户的隐藏价值？

从公司经营的角度来看，大部分客户都需要维护。数据库营销的目的是通过营销手段产生综合效益。

对于公司来说，客户的长期价值非常重要，它有 5 个影响因素，如图 4-4 所示。

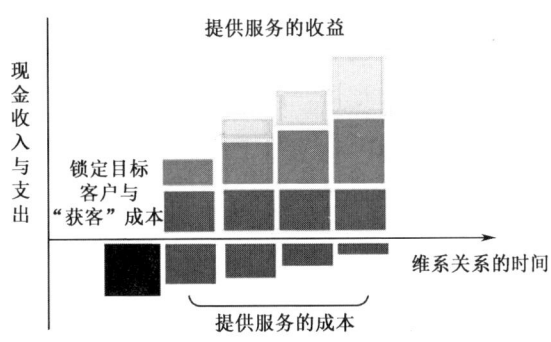

图 4-4　客户的长期价值的影响因素

1. 锁定目标客户与"获客"成本。

2. 提供服务的收益。

3. 提供服务的成本。

4. 维系关系的时间。

5. 现金收入与支出。

现在，公司正面临相当严峻的挑战，成立时间越久的公司压力越大。

在发展过程中，新的渠道会随着时间不断变化。如何减少个别渠道独自运作给客户带来的干扰是第一个挑战；如何在恰当的时间，通过对的渠道找到客户，并销售合适的产品是第二个挑战；面对内外部的庞大客户资料，如何管理并有效利用这些资料是第三个挑战。

面对这三个挑战，我们要先做好数据管理。数据管理有两个指标，一是完整性，二是正确性，两者缺一不可。

在进行数据管理时，要有报表和报告，以便检视上述两个指标。我们可以通过营销活动进行"获客"，这样就有了新的"活水"补充客户池，同时将已经无效的数据从数据库中移除，方能保持数据的"鲜活性"。在进行外部合作时，我们要注意原则性问题，包括对客户资料保密、遵守收集和使用客户数据的规定等。

我们无须利用数据模型，简单的数据分析对于决策也很有帮助。例如，我们可以对客户属性、平均收益、交叉销售结果、第一次购买和再购买的客户比例、不同产品的目标群体等进行简单的数据分析。

这些基础资料可以帮助我们在进行数据库营销之前先确定目标。例如，公司是想使利润最大化，还是想从历史记录中为新推出的产品找到目标客户；是想发现新蓝海，还是想知道哪种营销方案最有效等。在目标确定后，公司就可以开始寻找策略了。

数据库营销以数据为导向、以客户为中心，它的价值体现在提升回应率、提升持续率、增加平均交易金额、提升回购率等方面。

数据库营销所建立的模型有3类，它们分别可以解决不同的问题，具体如下。

1. 描述统计模型，可以解决客户购买的频率、购买的金额与数量、购买的决定要素等问题。

2. 回应预测模型，可以解决客户回应与否的差异分析、客户购买与否的差异分析、购买概率、交叉销售的成功概率等问题。

3. 绩效预测模型，可以解决项目损益平衡分析、项目绩效分析、客户终身价值分析等问题。

数据库营销模型的建立，由简到繁，分为三个阶段。

第一阶段为探索式资料分析，这是通过随机抽样和测试来开发原始模型的阶段。公司利用营销人员的经验、新技术，寻找数据库中的隐藏信息，并建立原始的评分系统。

第二阶段为惯性倾向模型，该阶段同时使用内部和外部数据，按不同需求开发不同种类的模型，例如接触客户的成功率、最终成交率、付款率、客户留存率等。

第三阶段为建立模型的阶段，公司会将多重数据模型同时运用在客户数据中，并对收益、回报、回应率加以预测。

如图 4-5 所示，从纵向看是产品，从横向看是客户，其中的数字代表对每位客户的评分，数字越小表示优先级越高。

产品\客户	1	2	3	4	5	6	7	8	9
1	2			1	1		4		1
2		1			2		3	2	
3	1		2				2		
4	3		2		3	1		5	
5		4	1			2	1	4	
6		3						3	2

图 4-5　数据库营销将客户与产品匹配

例如，对客户 8 而言，算法显示，为客户推荐产品 3 的成功概率最大，其次是产品 2（接下来的推荐顺序依次是产品 6、5、4）。

建立模型的目的是让业务员有针对性地为客户推荐产品，算法已经把客户的需求考虑进去了。

这是对传统营销的变革，是把过去向客户推荐产品的模式变成将客户与产品匹配的模式，从而将传统的产品导向转变为客户导向。

本节思考重点

通过本节对数据库营销的介绍，你是否对大数据多了一些了解？

4.10 商机管理和营销漏斗

在营销管理体系中，线索和商机可以通过市场活动、电话咨询、客户访谈等多种方式获得，然后凭借业务员的不断跟进来促成销售。这个由线索和商机促成销售的过程管理，被称为商机管理。

营销漏斗是客户对产品从认知到购买的过程，它常被描述成漏斗状，越到后面越窄，因为客户会不断流失，最后只有一小部分客户可以转化为忠实客户。

我们可以用购买过程来定义商机管理，给客户贴上"标签"。客户在购买产品之前，会经历"AIDA"[①]四个阶段——引起注意

[①] AIDA 也称"爱达"，后来被修正为 4A——认知（Aware）、态度（Attitude）、行动（Act）、再次行动（Act again）和 5A——认知（Aware）、诉求（Appeal）、询问（Ask）、行动（Act）、倡导（Advocate），但基本逻辑并没有改变。

（Attention）、引起兴趣（Interest）、刺激购买意愿（Desire）、采取购买行动（Action）。虽然客户可能因为某些因素（如价格）跳过其中的某些阶段，但多年来这个过程并没有发生太多变化，直到互联网出现。

现在，客户可以通过网页广告、关键词去了解和搜索自己想要的产品；然后借助第三方平台对比价格，选择在实体店或线上购买产品；最后根据自己的购物体验，决定是否再次购买，这是一个立体的过程。

当线索产生后，它会从营销漏斗的顶端入口流入，一步步流向漏斗下端的出口。

商机管理的目的是提高转化率，也就是努力让更多的数据往漏斗下端流转，并提高最后的销售成功率。

但是，让更多的数据往漏斗下端流转，不是降低过滤要求，将过滤网的网眼放大，而是通过有效的营销活动来达到目的。单纯地放大网眼，只会徒增漏斗出口的无效销售压力。

若有来自外部渠道、数量庞大的"获客"数据，便可能发生大量无效数据流向业务员的现象，这对商机的开发、成本和效益的管理都会产生负面影响。

显然，管理营销漏斗的是营销人员，但是漏斗出口的销售成功与否则取决于销售业务员。营销人员与销售业务员之间常常缺少共识，销售业务员抱怨有效名单不足，营销人员则抱怨销售业务员经

我个人建议在 AIDA 前面加一个 S——搜索（Search），在 AIDA 后面加一个 S——分享（Share），变成 SAIDAS，因为搜索和分享是互联网时代客户的消费特征。

验不足。双方处在一个磨合甚至对立的状态，只能反复沟通，不一定能产生好的结果。

通常，团队不是缺少数据，而是缺少优质数据。因此，对客户的运营、规划、管理（对数据的分配、利用、回收）便需要更有效的工具。

我们要强化营销漏斗中的过滤和筛选功能，让更多优质数据流向漏斗下端，提升销售的成功率。

当今，很多平台已经不再对外提供有效客户的联系方式了，因此公司需要更加有效地利用已经获取的数据。营销漏斗可以让我们利用更少的资源产生更高的产能。

我们可以参考营销漏斗 AARRR 架构，设置符合自身发展需求的数据统一定义和分类分级管理，以及营销漏斗的商机管理机制，以提升不同数据来源的个别转化率和整体转化率。

营销漏斗 AARRR 架构是指 Acquisition（"获客"）、Activation（客户开始使用产品）、Retention（成为老客户）、Revenue（营收）、Referral（转介绍），如图 4-6 所示。

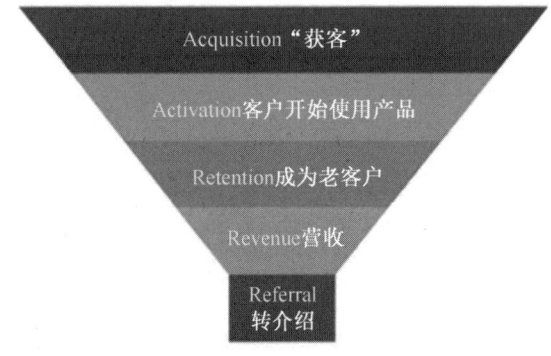

图 4-6　营销漏斗 AARRR 架构

无论你在什么行业,只要是和数据流相关的商业模式,商机管理和营销漏斗都很好用。

本节思考重点

1. 商机管理和营销漏斗的基础是对数据和客户进行管理。

2. 用 SAIDAS、AARRR 来定义你自己的商机管理和营销漏斗。

第5章
市场与竞争

面对金融科技的资源战,关键是找到自己的"触发器"。

本章将带你从市场角度看监管风向的转变;从支付角度看科技和金融之间的关系。

5.1 金融科技:一场资源战

在金融科技领域,很多公司都在探索,新创公司只要掌握关键能力、技术、人脉、合作关系等资源,也可以拥有话语权。

如今,手上握有巨大流量入口的互联网巨头,一方面与传统金融保险公司合作,进行互联网销售;另一方面积极争抢金融保险牌照。大家不约而同地进入这个赛道,选择将金融保险作为下一个战略目标和增长点。

腾讯控股众安保险、和泰人寿、英杰华保险;阿里巴巴控股国泰产险,同时蚂蚁金服是众安保险的最大股东;京东入股安联保险;百度入股龙江保险经纪公司。

这些互联网巨头对传统保险公司来说既是对手也是合作伙伴。近年来，传统保险公司发展了诸多消费型健康险，保费低廉、保障额度较高，受到市场的欢迎。

金融保险业是受到高度监管的特许行业，准入门槛高、运营流程严谨。在产品、技术、服务都存在高度竞争的互联网世界，金融保险业有牌照这个天然屏障；在现实世界中，互联网也是一个蓝海市场。

金融科技市场刚刚崛起，大家的机会都一样。谁能在竞争中把关键能力、技术、人脉、合作关系等资源整合到位，创造价值，谁就有机会胜出。想打败其他既有的市场竞争者，最好的方法是跳出固有思维来解决问题。

本节思考重点

1. 科技与金融之间存在怎样的鸿沟？为什么？
2. 科技与金融应该如何融合？为什么？

5.2 什么是互联网保险公司？

自从四家互联网保险公司众安保险、泰康在线、易安保险、安心保险获批成立后，很多人都有一个疑问：什么是互联网保险公司？是全靠"机器"，不需要用"人"来提供服务的公司吗？

首先回答上述疑问：不完全如此。随着科技的发展，自动化会使人机协作成为常态，互联网保险公司亦是如此。

从供给方面看，服务 100 个客户靠销售，服务 1000 个客户靠产品，服务 10000 个客户靠系统。人机协作意味着简单、重复性工作将陆续被机器和系统所取代，而人只有走向专业化才有未来，人所提供的服务都将是高价值的。

从需求方面看，互联网保险公司需要人来运营，也需要以非互联网的方式来为客户提供服务。

传统保险公司大都缺少特色，而互联网保险公司的管理和经营可以很有特色。传统保险公司与互联网保险公司因资源不同、目标市场与客户不同、理念和愿景不同，存在多种差异。

与传统保险公司相比，互联网保险公司有以下几个特点（具体不展开，括号内为举措或注意事项）。

1. 没有线下服务据点（如何满足面对面的客户需求）。

2. 利用科技满足客户的碎片化和实时性客服需求（智能客服）。

3. 与传统方式结合（第三方合作、网电和 O2O 等）。

4. 特殊的产品设计（数字化）。

5. 特殊的市场需求（互联网和物联网的碎片化与场景化）。

6. 特殊的运营支持（碎片化带来大量的客户投诉）。

7. 特殊的"获客"方式（在线 App/Wap/Web 三端直营、其他社群媒体和线下门店"借船出海"，监管受到挑战）。

8. 突破传统的经营保险思维（从渠道到客户、从产品竞价到客户体验）。

9. 特殊的经营模式（产品体系、服务体系、客户经营体系的转型与改变）。

10. 大数据和其他技术的支持（人工智能、区块链的应用）。

11. 人机协作和自动化（软硬件的投入评估、通过共享降本增效、为员工提供专业培训等）。

所以，与其讨论互联网保险公司存在的价值，不如想想现在的传统保险公司如何才能满足未来的需求。

想在激烈的市场竞争中取胜，创新是唯一的方法。利用随选型保险和账户型保险可以打造蓝海市场，UBI（使用行为基础险、使用者基础险）和 BBI（大数据险）等都是不错的选择。

谈完了市场，接下来，我们来看互联网保险公司的监管和运营。

2018 年 9 月，银保监会对四家互联网保险公司就以下问题进行调研。

1. 投诉增加的主要原因、突出的问题及产生问题的原因、投诉涉及的险种及存在的问题。重点分析酒店取消险、新一站少儿门诊宝、首月 1 元保费、航延险理赔、账户安全险理赔、退保条件、理赔时效、既往病史拒赔等问题。

2. 互联网保险的优势与劣势，客户对互联网保险线下机构的看法。

3. 客户对互联网保险核保问题的看法。

4. 互联网保险公司与第三方平台的合作关系，并分析第三方平台被投诉的原因。

上述调研足以说明，互联网保险公司在经营一段时间后出现了一些问题，银保监会监管的目的是使市场健康发展和保护客户权益。

从运营角度看，互联网保险公司的运营体系建设主要满足了以下几方面的要求。

1. 适法合规：包括监管政策遵循与沟通、反洗钱和反欺诈、投保风险控制、投诉处理等。目的是降低公司的风险，便于公司可持续经营。

2. 客户体验：强大的经营能力，包括开发自助查询、在线批改、退保、续保、自动赔付等功能，让客户更安心。

3. 增效赋能：强大的技术开发能力，包括智能核保、智能客服、自动化运营、自助报案、自助理赔等。

4. 基础建设：着力发展"下水道"工程，包括各种作业平台、服务体系和管理机制，以满足各业务线和客户的需求。

5. 创新探索：在新市场、新场景、新模式、新营销的引导下，探索不同于传统方式的发展路径，突破困境。

面对互联网保险公司，持反对或存疑态度的人可能不在少数。然而，面对未来的数字化世界，如何为客户提供更合适的产品和服务是各公司应该考虑的。

如果你问我，什么是理想的互联网保险公司，我个人有以下几点看法：

一是可以支持转型，包括支持新旧模式的过渡，降低新商业模式的风险。

二是有能力进行科技输出，帮助中小型公司实现自动化和数字化。

三是可以自主探究新的定价机制，满足各种小众、利基市场的需求。

四是能充分利用科技，发展人工智能、大数据、区块链等技术。

本节思考重点

当面对新事物时,我们应该做的是找到一个可行的方法,而不是去找 100 个不能做的理由。你同意这个观点吗?

5.3 金融科技动了谁的"奶酪"?

在移动互联网时代,一切都在碎片化。手机的功能越来越强大,我们的行为、思维也在不知不觉中受到影响。

不可否认,手机的普及正在改变我们的生活,促使现代商业模式转变,它的影响所覆盖的范围越来越大。

金融保险行业正受到前所未有的挑战,过去的龙头企业受到的冲击很大,一方面,这是"恐龙效应"的必然;另一方面,这是"奶酪效应"的结果。

如今,"恐龙"已经醒来,但是科技到底动了谁的"奶酪"?

从目前的情况来看,银行的活期储蓄存款业务受影响较大。

以前,人们习惯将钱存在银行,以活期储蓄作为主要的资金池。2013 年,阿里巴巴推出的余额宝让情况有了改变。余额宝的出现,让金融保险业一夜之间"清醒"了过来。

余额宝做到了资金的实时转入与转出,同时也具备投资理财功能。由于余额宝的收益远高于银行活期储蓄存款的利息,很多人开始将资金从银行账户"搬到"余额宝中。余额宝 1 元起购、随时交易，低门槛和高收益解决了客户的痛点，深受客户喜爱。

由于大受欢迎，余额宝也迅速捧红了它背后的基金管理公司——天弘基金，使得这家公司在极短的时间内无论客户数量还是管理资金金额，在排行榜上都名列前茅。

想必细心的读者已经意识到，余额宝的成功源于满足了三个关键要素。如果我们想将其套用到保险中，那么这个"保险余额宝"概念图便如图 5-1 所示。

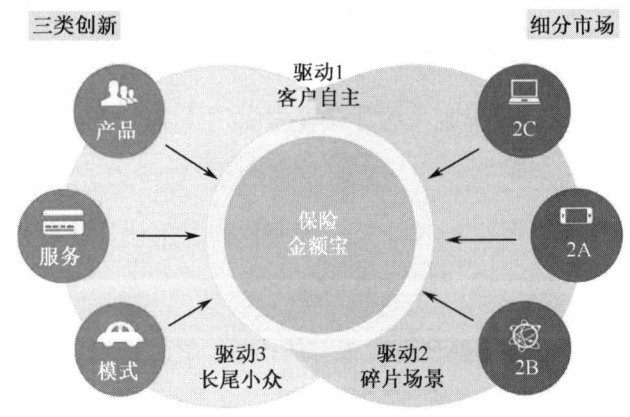

图 5-1　"保险余额宝"概念图

如何把更多资金从客户的闲置账户中转移出来，"搬到"其他可以创造更大价值（收益）的地方？

最近几年，银行积极推动中间业务，向客户推销基金、保险及其他理财产品。对于银行来说，这种做法除了为客户增加额外财富，为自己增加更多手续费收入，更是银行在面临跨界竞争压力下的"保卫战"。

其实，银行的活期储蓄存款被"搬走"并不令人意外。接下来会是哪家公司、哪些产品继续"搬走"银行的"奶酪"？

本节思考重点

1. 银行应该如何面对"搬奶酪"的人？
2. 保险科技公司如何与传统金融保险公司竞争？
3. 余额宝的出现让你明白了哪些道理？

5.4 从自动到自驾，自动驾驶将改变金融保险业

在不久的将来，自动驾驶汽车（以下简称自驾车）很可能会使多个行业发生变革，其中包括金融保险业。

2018年，代表未来科技发展方向的国际消费电子产品展览会（International Consumer Electronics Show，CES）有三大亮点：语音助理、自动驾驶、VR。在 5G 商用后，这三大亮点持续"燃烧"到了2019 年的 CES。

语音助理的背后是人工智能，VR 看起来暂时和金融保险业没有太多交集，不过，自动驾驶却与金融保险业息息相关。下面便来介绍自动驾驶将给我们带来哪些影响。

从表面上看，自驾车和金融保险业没什么关系，但深入去想，

我们便会发现自驾车一旦普及，会改变很多行业的生态。要了解自驾车可能带来的影响，我们得从自驾车本身谈起。

过去，市场普遍认为，汽车制造商是既得利益者，很难带头做出改变；而那些以客户为中心的新商业模式则有机会变革传统生态。

然而，在2018年的CES上，汽车制造商便开始推出自己的自动驾驶平台，与芯片业争夺这张"未来大饼"。包括福特和丰田等公司在内，这些巨头纷纷推出了各具特色的自驾车，希望通过自建平台找到商机。

例如，福特与不同领域、面向客户的公司共组自驾车队，这些公司包括达美乐比萨、Lyft等。福特的主要目的是通过这些公司获得第一手资料，了解自驾车的商业模式。

至于芯片业，英伟达（NVIDIA）发布了全新自驾车芯片，同时宣布和Uber共同打造自驾车队，并与汽车制造商福特合作开发未来的自驾车。

到了2019年的CES，自驾车持续向着电动化、智能化、共享化推进。

英特尔和华纳兄弟展示了沉浸式娱乐在自驾车领域的巨大潜力。

奔驰CLA搭载具有学习能力的智能多媒体娱乐系统，其能与驾驶员进行对话。

百度Apollo发布了智能驾驶商业化解决方案"Apollo Enterprise"及高性能开源计算框架"Apollo Cyber RT"。

据报道，2018年年底Google的Waymo在美国亚利桑那州推出"Waymo One"自驾出租车，为几百家特定客户提供服务。这些客户可以通过Waymo的官网、App进行在线预约。由于该项技术还属于测试阶段,所以自驾出租车仍配有驾驶员,以在紧急情况下进行干预。

汽车制造本身就是个庞大的生态,自驾车首先将冲击这个生态。还有一个生态是和汽车有关的周边领域,包括出租车、卡车、汽车贷款、汽车保险等,这些领域预计将在下一波冲击下受到影响。

车险业务是目前很多保险公司最重要的业务之一,因此面对自驾车可能带来的影响,这些公司更需要提前研究并做好准备。

从客户的角度来看,如果以后汽车都不需要人去驾驶,那么还需要买保险吗?从公司的角度来看,人会疲倦,但计算机设备不会,所以车险理赔必将大幅下降,保费也必然需要调整,那么车险的生意还能做吗?

未来,除了乘客(已没有司机)的意外伤害,车险所承保的标的对象将可能不再是个人,而是那些自驾车、自驾车的制造商、服务提供商、新的零件供应商、共享汽车运营商等。

并且,人为失误的概率将大大降低,保费也将有所下降。一旦传统汽车的经销商、维修厂、保养厂等受到连带冲击,保险公司目前所热销的产品和它依赖的渠道很可能会退出历史舞台。

那么,自驾车可以带来哪些机会?我个人认为,答案隐藏在共享和随选当中。

相关资料显示,受共享经济的影响,年轻人的购车意愿将远低于中老年人,他们对汽车的需求是"取用"而不是"拥有"。

为了追求便利,"取用"汽车的需求将催生新的模式——出行即服务。

出行即服务代表一种把出行作为服务来消费的生活方式。这种观念的转变,与手机的普及、自动驾驶技术的进步息息相关。

本节思考重点

1. 自驾车可以为金融保险业带来哪些机会？我们该如何抓住机会？

2. 如果你是监管者，你如何看待自驾车可能带来的机会和威胁？

5.5 第三方支付之变

由于市场环境不同，各地银行受到的冲击也不同。与此同时，受第三方支付的影响，一些银行开始推行新的策略，例如扫二维码收款免费、降低手续费等。

如今，已经有一部分银行参与到第三方支付中，避免在这场金融科技盛宴中缺席。

当银行发现科技公司跨界进来竞争时，它们虽然知道"狼"来了，但误以为"狼"只会"吃鸡"（支付和资金流），实际上"狼"看到的还有银行的"羊"（客户和数据）。

如果银行想通过第三方支付做出自己的生态，那么困难不在于技术和资金流，而在于没有可用的生活场景。

或许银行不可能去自建生活场景，它能做的只是和外部互联网平台合作，提供自己的支付应用；或借助第三方支付，发展新的供应链金融。

对于第三方支付来说，越来越严格的监管让市场上的无序竞争、恶性竞争、不公平竞争等乱象得到有效遏制。与此同时，长期以来的寡头垄断格局也在逐渐崩塌，这意味着在第三方支付中存在多年的银行直连模式将被改变。

第三方支付之"变"的意义，在于解决眼前痛点、创造未来价值。既然是"变"，那么科技和金融应该融合发展。

本节思考重点

1. 科技公司想自己做金融，银行或保险公司会怎么看？
2. 创新要有意义，不能为了创新而创新。

第6章
经营与管理

互联网金融的经营与管理涉及各个层面，自上而下、由浅到深。本章仅从部分角度进行介绍。

公司布局互联网金融可以考虑三个平台，不同平台的作用不同。

自动化存在已久，问题是我们能否胜任自动化带来的新工作，并凭借专业度、创造力提高价值。

从邮局的案例中我们会看到在不可变的条件下，运用既有优势，就能通过科技去找到突破口和更多的商机。

没有需求就去创造需求，通过资源整合和产品创新就有可能创造需求。

电销是人机结合的模式，我们从它的"管理四箭"中探索由系统掌控的渠道价值链如何在科技的助力下走向未来。

最后，本章通过战略布局简单介绍保险融资、保险社群、账户经济，在论证定位、商业模式、盈利模式的过程中，介绍如何找到科学合理的经营与管理方法。

6.1　互联网金融的三个平台

如果你在思考如何布局互联网金融,那么可以从三个平台入手,分别是面向外部市场的开放"获客"平台、以公司官网为代表的电子商务平台、以数据分析为基础的大数据平台,如图 6-1 所示。

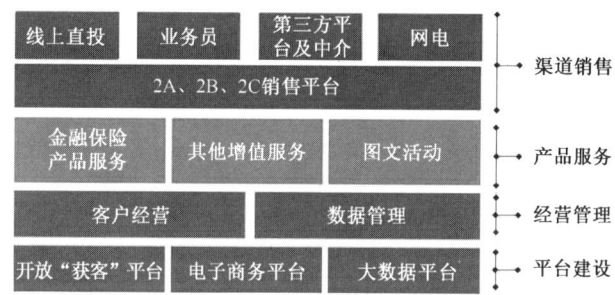

图 6-1　互联网金融战略布局

其中,金融保险业从业者相对陌生的可能是开放"获客"平台和大数据平台,比较熟悉的是电子商务平台。

现在的电子商务平台,并非只是过去的官网,还包括近年来十分受欢迎的社交软件,例如微信、微博等。目前,已经有众多金融保险公司在社交软件上设立自己的入口或粉丝专页,提供差异化服务,同时在上面进行营销和推广。

此外,种种新的数字营销手段也和过去线下的传统手段有很大的不同,对客户的经营影响很大。例如,公司可以利用官网首页、H5 页面开展营销活动,增加客户访问频率和停驻时间,从而带动客户购买产品。

大数据平台是落实电子化服务策略的基础,公司可以通过数据分析和二次营销挖掘客户的潜在价值,提高客户的忠诚度。

"获客"是互联网金融战略中的重要内容，除了线上"获客"，通过线下电销对客户进行二次营销，不仅可以提升客户的综合价值，而且有利于达成目标。

同时，开放"获客"平台往往也是非金融保险公司进入金融保险领域的第一入口。除了开发市场和新客户，"获客"也是公司在拓展自有商品互联网销售渠道、建立外部渠道合作关系、建立线上线下合作模式、研发新产品与应用时需要考虑的因素。

本节思考重点

1. 你所在的公司，拥有哪几个平台的主导权？
2. 你的互联网金融战略是什么？

6.2 自动化

计算机逐步取代了一些基础性工作，自动化改变了作业流程，效率随之提升，同时新的领域也在诞生。我们通过保险公司和银行的例子，看一看自动化将如何影响我们的工作。

我们以保险公司的保单制作为例。早期，保险公司核保部门都有个小房间，房间里有个高至天花板的架子，架子上布满格子，格子里堆放着印刷好的、不同保险产品的条款单。

每当有客户买了保险，一个业务员就会走进这个房间，按客户购买的产品组合，丝毫不差地从不同格子中取出相应条款单，再加上保单页和封面，接着用装订机装订，整个保单制作工作才算完成。

后来，随着自动化的应用，效率提升，成本也大大降低，保单从整本印制变为定制化印制，并因此催生了许多以此为业的外包公司。

进入互联网时代，电子保单的出现使保单制作不再需要任何印制程序。原本从事相关工作的发单员、保单制作公司等都受到影响，行业生态面临再次调整。

人工智能也会给保险公司带来重大影响。普通核保工作很可能会被人工智能取代，核保员需要与人工智能合作，一起为客户提供服务。

在银行，自动化改变了作业流程，提升了客户体验。自动取款机（ATM）改变了银行与客户之间的互动和交易方式。

银行柜台人员的工作由于常规现金业务的减少而发生改变。不少柜台人员变成了客户经理，负责客户的开发与关系维护，为客户解决问题，并向他们推销更多的产品。

很多银行致力于推行银行自动化。例如招商银行。招商银行在ATM、无人银行、电话银行、互联网银行等这些不与客户面对面接触的渠道上起步较早，投入也较大。

面对自动化带来的变革，我想提醒大家，有三个"不要"非常关键：不要寄希望于以不变应万变，不要认为旧办法可以解决新问题，不要和趋势对抗。

总之，顺应潮流并做好准备就对了！

本节思考重点

1. 你怎么看自驾车将对卡车司机、出租车司机带来的冲击？
2. 你觉得政府在自动化过程中可以扮演什么角色？

6.3 你有多久没去邮局了

邮局是公共服务的一环，历史悠久。让人称道的是邮局的多元化经营，从过去的邮政、储蓄、保险到物流，再到近年来多管齐下的数字化转型。

2018 年，我朋友的公司和邮局合作，完成了一个大数据分析项目。这个项目以提升邮政保险续保率为目的，由于邮政保险多半为客户提供上门业务，并通过柜台完成交易，所以只从数据角度了解客户、分析问题远远不够，还需结合线下柜台交易的实际情况才能找到解决方案。

邮局有众多服务网点、客户信任度高，但同时，邮局的客户老龄化严重、客户流失严重，加上新客户增长缓慢，这些问题都亟待解决。

从 KYA（Know Your Agent，了解你的客户经理）到 KYC（Know Your Customer，了解你的客户），邮局在大数据分析的过程中找到了新方法，找到了优质客户，同时找到了主动接触客户的策略，如图 6-2 所示。

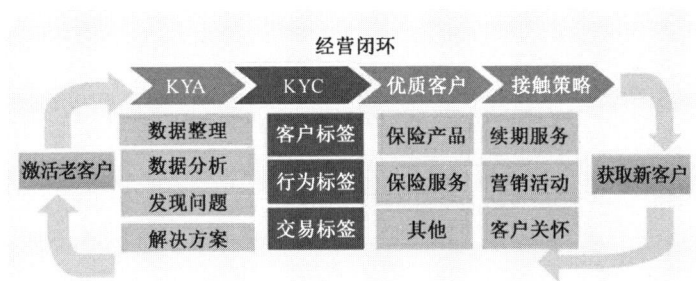

图 6-2 邮局的大数据经营闭环

运用既有优势,借助科技寻找突破口和更多的商机,这是很有意义的。在面对改变的时候,公司的经营者不能推卸自己的责任,而是应该找到自己的新价值,重新定位自己,调整业务组合,这样才有机会在竞争中获得成功。

本节思考重点

每家公司都有优劣势,你如何运用既有优势,借助科技去寻找突破口和更多的商机?

6.4 免费的商业逻辑:我是有底线的

免费策略是比较常见的营销策略和推广方式,但还不能算一种商业模式。其实,免费策略是一种"获客"方式。我们可以将原来需要付费才能购买的产品和服务免费,以此吸引大批客户,等客户多了再推出付费产品和增值服务。

传统做法是派发免费样品让客户试用,即使赠品的单价极低,但是如果后续不产生效益,那么成本也是极大的。在传统经营中,每次销售都是独立事件,客户的长期价值无法预期,所以每个产品、每次销售都必须有利润。①

虽然产品和服务免费,但客户的要求并不会降低。另外,当大家都采取免费策略时,市场竞争将变得更激烈,这会导致运营成本持续增加,而客户的忠诚度依旧很低。

提升客户的忠诚度十分重要,关于如何提升客户的忠诚度,很多人有不同的见解,有人认为"唯快不破",有人则认为"润物细无声"。

我个人的理解是,对于不同行业、产品、服务,我们应采用不同做法。"唯快不破"比较适合快消品和刚需产品,例如餐饮;"润物细无声"则比较适合金融理财和非刚需产品,例如保险。

不少公司为了在短时间内迅速增加流量,使用"烧钱"这种方式。但随着"获客"和变现成本越来越高,"烧钱"需要的"粮草"也越投越多,时间越拉越长,最终很多公司因为资金链断裂而走向倒闭。

免费策略增加了线上的"获客"数量和渠道,同时,这也对提升非面对面接触的客户体验提出了更高的要求。

---

① 免费策略加上广告宣传,使得前端"获客"成本速度上升。此时,唯有将每次购买都当成连续事件中的一环、将每次成功销售都当成下次销售的机会,才能构筑客户的长期价值。

本节思考重点

你怎么理解"免费的是最贵的"这句话?

6.5　没有需求便去创造需求,这句话只说了一半

没有需求,再好的创新都没有用。所谓没有需求便去创造需求,在我个人看来,这句话还没有说完。

努力是成功的先决条件,却不一定与成功存在必然的因果关系。有时,成功不是基于努力,而是基于很多不为我们所控制的事情。

资源的发掘与整合能力往往是能否胜出的关键。资源不会自行聚拢为我们所用,我们需要将这些资源组织起来使其产品化并满足客户需求。

例如,电子商务平台通过营销手段为商户获取流量;通过技术手段优化从点阅到成交的体验;通过经营手段让原来的商户进行二次营销。整个过程正是一个创造需求的过程,可以说,电子商务平台是创造需求的关键。

没有需求便去创造需求,这句话只说了一半,我接的下半句是:通过资源整合和产品创新去创造需求。

以苹果应用商店的 App 为例,我们来看下如何通过资源整合和产品创新去创造需求。苹果应用商店里的 App 大多是其他公司基于苹果平台开发的,并不是由苹果公司自己开发的。

苹果公司只需要管理好自己的应用商店，不断研发新功能并进行推广，便会吸引更多的开发者开发更多好玩且有趣的App。

同样地，虽然苹果应用商店中的许多App不是免费的，用户也会考虑购买。并且，非iPhone用户在优质App的吸引下也可能考虑购买iPhone。

苹果公司陆续推出了智能手表、智能家居等设备，通过产品的不断创新，催生了越来越多的需求。

通过资源整合和产品创新去创造需求，很多棘手的问题就迎刃而解了。从互联网到物联网，从电子商务到移动商务，从智能手机、可穿戴设备到智能家居，要实现创新发展，离不开资源整合和产品创新。

本节思考重点

依你看，要创造需求，除了整合资源和产品创新，我们还应该关注哪些方面？

6.6 电销的"管理四箭"：掌控你的业务链和组合拳

本节我们从电销的管理的角度来分析科技对电销的影响，并介绍应对方法。

过去，电销由于作业不规范而被打入"冷宫"，电销的重整已经刻不容缓。

随着科技的发展，网电模式开始出现。业界普遍认为互联网是电销"获客"的重要来源和电销转型的法宝。

电销的第一个严峻挑战是数据管理。

除了少数发展较早、有自己的老客户及拥有较多资源的金融控股集团，大多数保险公司并没有自己的客户池。数据是电销的生命，没有数据便没有电销。

大数据时代，我们缺的不是数据，而是有价值、可经营的数据。公司利用数据分析找到利基市场和目标客户非常重要。

很多公司标榜网电模式，主要是为电销获取潜在客户名单。互联网"获客"的优点是可记录、可追踪，公司能通过客户浏览过的网站、页面、内容，以及停留时间、访问频次等动态资料，预测客户可能对哪类产品感兴趣。

此外，公司通过对客户细分、客户价值、客户忠诚度等高阶数据进行管理，不仅可以获得更高的成交率和客户满意度，而且还可以提升电销的整体效益。

数据分析在后续的客户服务和二次营销方面，也会发挥很大的作用。

电销的第二个严峻挑战是产品管理。

电销是一种非面对面接触、以电话沟通为基础的销售方式，在产品设计上讲究简单易懂，同时还要搭配便捷的投保和缴费程序。

不过，近年来越来越多的公司倾向于设计便宜而非常简单易懂的电销产品。由于产品过于复杂，业务员很难在短时间内介绍清楚，因此客户权益可能受损，导致投诉增加。

和传统的面对面销售不同，电销从接触到成交，再到二次营销，每个阶段都有不同的产品设计理念，并不是让公司随意为之，更不是让业务员随性而为。

电销的第三个严峻挑战是人员管理。

电销要体现人员管理包括组织架构、职级考核、薪酬管理、津贴福利等的特色。

在进行顶层设计时，除了愿景，公司也要考虑既有资源和身处的行业位置。

如今，加入电销的大多是年轻人，他们更能和新一代互联网用户产生共鸣。如何培养、领导新电销人，是公司要思考的问题。

电销的第四个挑战是运营管理。

在客户尚未完全接受电子保单之前，电销主要通过快递公司递送保单，通过银行转账、信用卡支付、POS 机刷卡等方式进行保费支付。

近年来，保险公司为了降低成本，积极推广电子保单，并鼓励客户采用电子保单。过去的低质保单签收回执也演变为电子回执。另外，随着电子支付的普及，保险公司也优化了保费的支付方式。

电销的"管理四箭"是环环相扣的"业务链"，也是一套"组合拳"，电销的"管理四箭"与经济学的"O 型环"理论①颇为类似。

---

①1986 年美国航天飞机"挑战者号"发射不到两分钟便炸毁，造成七名航天员死亡的悲剧。事后调查发现，火箭推进器上一个不起眼的 O 型环在航天飞机发射前一天被冻住了，导致发射后失效，引发悲剧。一个不起眼的 O 型环导致了一个耗资数十亿美元的巨大工程的成败。这个事件催生了"O 型环"理论，该理论指出，一项工作是由一系列互相连接的环节所组成的"链"，每一处连接都必须牢固才能保障最后的成功。一旦某个环节出现差错，这项工作便会失败。

> **本节思考重点**
>
> 电销在数据管理、产品管理、人员管理、运营管理方面的挑战是什么？为什么？有什么解决方案？

6.7 保险融资的经营与管理

对保险公司、经代公司和第三方平台而言，定位、商业模式、盈利模式都很重要。

我们先来看第三方平台如何进行保险融资。

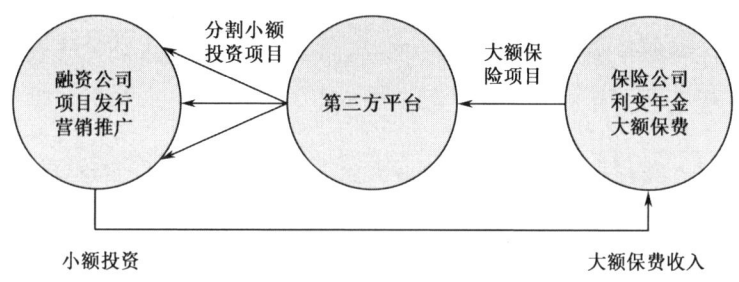

图 6-3　保险融资的商业逻辑示意图

如图 6-3 所示，我们把自己定位成第三方平台，我们的一端是保险公司，另一端是融资公司。第三方平台的作用是促成异业合作，连接两端的业务。平台经济的竞争门槛不是技术，而是多元丰富的产品、服务、数据等。

图 6-3 的利变年金仅是举例，我们也可以选择其他产品。这里

我们选择利变年金，主要考虑了保费潜在的规模大小、产品是否简单易懂、收益是否可直观比较等因素。

这种模式的特点是，在前端进行营销模式创新，在后端进行管理模式创新。一方面，这样能解决保险产品同质化的问题；另一方面，当出现变数时，这种传统产品相对可靠。

由于产品偏向投资理财型，加上"获客"来源是融资公司，理论上，我们可以先假设目标客户具备以下属性：有一定可支配收入，偏好保守稳健型投资，以定存、基金、蓝筹股为投资组合，年龄可能为35岁至45岁，使用移动支付工具等。

除此以外，保险公司的投资策略也需要从过去的先取得保费再匹配投资标的转变成先找到符合预期收益的投资标的再匹配所需保费规模。在寻找投资标的时，保险公司若具有较好的议价能力，就有可能为客户提供较高的投资报酬率。

我们可以采用互联网金融众筹式融资的方式来解决前端"获客"和定期筹集单笔大额投资的问题。简而言之，就是运用众筹的理念，在融资平台上完成"获客"和定期集资，解决客户痛点。

众筹是集合众人资金，大家共同参与并完成一个项目的投资。融资平台上有很多寻找较高回报的投资者，而融资平台提供的高回报的优质投资标的十分受欢迎。

这就解决了单笔大额投资与普惠金融的矛盾。由于投资者对融资公司和保险公司十分信任，即便投资者彼此之间不存在直接的信任关系，也不会妨碍项目的推进。

这种集资方式不涉及转让，仅涉及对原始大额投资的分割。在操作上，它和现行的保险销售与购买方式一致，更容易被客户接受。

在商业利益上，保险公司可以获得可观的资金和大量客户，其角色将更倾向于资产管理和投资；融资公司则负责前端的"获客"，包括产品发行、分销和宣传，以获取相应的利益。

本节思考重点

保险融资对你的启发是什么？

6.8 保险社群的经营与管理

保险社群是指通过社群营销经营保险的细分市场，核心是找到客户自主的趋势，也就是借助客户的自主行为来完成保险销售。

客户自主代表"我的时代"来临，客户拿回了选择权，可以不再受制于公司、渠道。变革的关键词是客户、渠道解构、共享经济、业务多元化、小众细分市场。

关于客户自主，大家可以从以下几个方面考虑：

1. **由客户发起保险需求**：保险需求由客户发起，而不是在保险公司开发产品后再经由渠道去销售。

2. **量身定制**：把有相同需求的客户组织起来，与保险公司议价，或要求保险公司针对特殊需求定制产品。

3. **商业模式**：通过社群营销经营保险的细分市场，这和团购、

C2B、个性化消费有相似之处。

保险社群有如下特点：

1. 符合互联网用户的特性：有机会满足产品个性化、参与形式灵活等需求。

2. 全新的商业模式。

3. 通过经营社群获取有效客户，客户的转化率和留存率将更高。

本节思考重点

1. 保险社群与长尾效应之间存在什么关系？

2. 保险社群与去中间化是否存在关联？

6.9 账户经济的经营与管理

本节介绍账户经济的经营与管理，这个话题也可以和区块链结合，例如，通过区块链可以对积分账户进行管理。不过，本节并不会讨论技术，我希望读者能够自建数据生态，找到可持续经营的方法。

账户经济的商业逻辑示意图如图 6-4 所示。

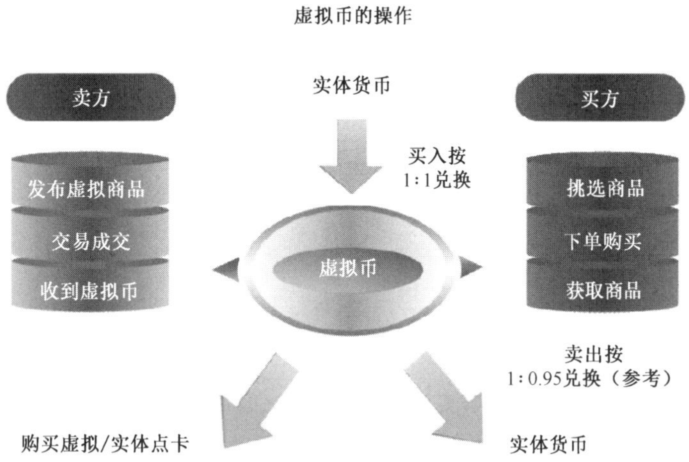

虚拟币的操作

```
卖方                实体货币              买方
发布虚拟商品          ↓                  挑选商品
                  买入按
交易成交           1:1兑换              下单购买
收到虚拟币          虚拟币               获取商品
                                    卖出按
                                1:0.95兑换（参考）
购买虚拟/实体点卡                        实体货币
```

图 6-4　账户经济的商业逻辑示意图

自建数据生态需要考虑如下问题。

1. **数据资源**：核心是数据，关键是拥有大量会员资料的合作伙伴。

2. **商业模式**：与有零售渠道资源、拥有大量会员资料的生产商、渠道合作，例如连锁超市、电商平台等。

3. **"借船出海" + 创新营销**：与生产商、渠道合作，以"消费累积保额、积分换取保障、消费即储蓄"的方式来管理账户。

"消费累积保额"是将消费金额通过一定的换算机制，换取虚拟产品或服务；"积分换取保障"的操作虽然与"消费累积保额"不同，但原理相同；"消费即储蓄"是指所兑换的产品为具有储蓄功能的理财产品。

4. **可用的保险产品**：需要开发新的账户型保险和其他碎片化产品。

5. **与客户的接触点**：以线上为主，可通过各种社群"圈粉"。

在超市或卖场等实体渠道，可利用带有二维码的易拉宝或新技术，与客户建立线下的交互关系。

6. **账户经济的运转介质**：过去是"点数贴纸"，现在是"数字积分"，未来可延伸到数字化代币。碎片化的"数字积分"或代币，可以和外部的互联网与物联网世界无缝连接，但"点数贴纸"不行。

本节思考重点

为什么自建数据生态如此重要？

6.10 如何进行战略布局

在进行战略布局前，我们先来思考以下问题。

1. 未来的保险是什么样的？

2. 保险的本质是什么？

3. 是否应该站在客户的立场思考问题？

4. 是专注于个人业务还是公司业务？

5. 是从内部自建渠道还是与外部合作，能否综合考虑？

6. 我们有哪些资源？外部资源能否与自身资源整合？

7. 理赔体现了购买保险的价值，理赔是下一次销售的开端吗？

（可以把优化理赔作为核心吗？）

8. 我们是否应该改变现有的组织架构？（如何进行长远的发展规划？）

9. 竞争对手的战略是什么？（谁才是我们真正的竞争对手？）

10. 我们应该如何选择金融理财产品？

11. 我们要成立什么样的公司？公司的愿景、文化、价值主张是什么？

12. 如果公司的愿景是让保险进入千家万户，那么我们如何实现？（什么是可行的方案？）

13. 能否用轻资产的方式来快速拓展业务？

14. 如何利用外部资源提高"获客"能力？

15. 如果战略涉及转型，那么我们是否需要分阶段推进？

如今，很多公司认识到了客户的重要性，也提出了以客户为中心的发展理念，但大多流于形式，并没有采取具体行动。

缺少数据活水和数据池，掌握的客户数据过少，数据清洗（Data Laundry）的手段和资源不足，这些因素都可能阻碍公司战略的执行。

同时，公司也要了解主要的竞争对手都在做什么。竞争对手做了什么？为什么这么做？它们的整体战略是什么？

公司可以从产品、营销、渠道、服务、组织架构、商业模式等方面进行创新。

若涉及战略转型，公司还要分阶段推进转型。每三年为一个阶段比较合适，每个阶段最好有一个核心，并准备具体的方案。

例如，一家希望通过创新完成转型的公司，可以把客户管理作为转型的核心；把互联网作为推动转型的引擎；把满足客户的养老、健康医疗等需求作为业务重心，同时为了避免被外部渠道挟持，公司要全面发展金融科技以赶超对手。

公司应在哪些细分市场取得领先地位？为什么？如何借助不同渠道、产品、服务来达成这个目标？从"获客"到营销的具体计划，公司都需要仔细论证。

本节思考重点

请结合自身情况谈下如何进行战略布局？

第 7 章
科技与金融

本章的主要内容是科技对金融的赋能与应用，不涉及技术。首先，从金融和互联网的相遇开始，论述金融与科技应该联手，以法律为必要手段，终止市场乱象。

金融科技的融合与发展，文化冲突和跨界人才缺失是眼前最大的问题；先求生存，再求发展是创新的"不二法门"。

面对难得一遇的弯道超车机会，接踵而来的科技让金融科技的大未来进入人们的视野，也让很多人处在被科技绑架的焦虑中。我们一起来看科技如何化解金融保险的两大硬伤，以及科技如何为电销"插上翅膀"。

之后，简要介绍那些目前在金融领域尚属探索阶段的科技，包括区块链、人工智能。至于应用发展轮廓较清晰的物联网和大数据，我将在其他章介绍。

用"天上飞的猪"比喻科技赋能金融不过是开端，真正的科技金融蓝海还未开启。用科技为监管赋能，确保风险控制和操作合规，将是科技存在的重要价值。

最后，从欧美的案例出发，寻找保险科技为价值链解构、保险串接装置带来的影响。

7.1 残酷的金融科技之战

金融科技是由互联网金融发展而来的。虽然二者叫法不同，但本质相同——以科技思维来思考金融。不过，很多人忘了下半句：绝对不能破坏金融经营风险的本质。

如今，很多金融人士总是把科技思维挂在嘴上，不过，他们的实际行动可能并不是这么回事。这会让人产生一种错觉，好像只要一提及科技，便可"点石成金"，但其实或许这是一种缺什么就刻意说什么的补偿心理。

不像两三年前，现在的金融科技俨然已经成为"显学"，而金融机构在面对科技的时候，三种经理人会让你对未来的发展方向越来越糊涂。

第一种是"指鹿为马型"，他们说的和做的是两回事，例如，他们一直在宣传以人为本、客户导向，但基本上不懂得尊重员工、对客户也缺少关怀。

这种经理人虽然对科技表现得相当热情，但很可能会对创新墨守成规，最终"什么都做，什么都做不好"。

第二种是"画饼充饥型"，他们把科技放在很高的位置上，整天研究，讲愿景、说战略、谈情怀，能说善道、口沫横飞，但能落实的不多。

这种经理人大多缺少执行力，也往往不了解行业正经历"典范转移"这个过程。

第三种是"人云亦云型"，他们虽然擅长追随，甚至有些盲从，但至少想做，也尝试去做，只是要等别人做成功了才跟进。

因为总是在追随别人，所以这种经理人并不清楚下一步该如何发展。

也许有读者已经琢磨出，"指鹿为马型"是少了对"做什么"的判断；"画饼充饥型"是少了对"怎么做"的判断；"人云亦云型"是少了对"为什么要做"的判断。

起哄、看热闹的多，勇于尝试、实践的少。按说安于现状、缺少改变的勇气，本来也不是什么错，因为这往往是大家的惯性所致。再者，大家都有自己的"轻重缓急"，各有各的难处。

但如果这就是答案，那么金融保险公司在这场跨界竞争中是不是"未战便已经丢盔弃甲、宣告投降"？这也难怪那些科技公司高喊要颠覆金融保险公司，并在一步步地进逼！

知易行难！更何况面对的是科技的未知。愿意尝试的公司，却不能试错；能试错的公司，却不愿意花时间；愿意花时间的公司，却不能分享成果。

表面上，那些公司是对事情的支持不够；归根结底，它们是对创新的认识不足，对旁人的信任不够，对自己的能力高估，对专业的轻率漠视。

眼前的市场乱象，是金融与科技联手上演的"行动剧"；想消除乱象，也需要金融与科技联手。

市场需要游戏规则，法律是维护游戏规则的必要手段。

市场充满陷阱，游戏规则只有在市场重视并尊重创新，而且原创拥有专利保护的前提下才能发挥作用。一些公司会为了眼前的利益而剽窃。如果少了法律保障，那么即使到处控诉，也难以真正起作用。

现在，金融科技正将我们带入一个充满竞争和淘汰的残酷战场。马云说："昨天很残酷，今天很残酷，明天很美好，但绝大多数人死在今天晚上。"所以，在这个进化之路上，如何在黎明前的黑暗中活下来，是我们必须思考的问题。

本节思考重点

1. 你曾经碰到过这三种经理人吗？或者你自己是否是其中的某一种经理人？

2. 金融和科技的融合，知易行难。你认为最困难的地方在哪里？最关键的突破口是什么？

3. 无论金融还是科技，对于所有创新，先求生存，再谈发展。

4. 除了专利，还有什么法律手段可以维护市场的游戏规则？

7.2 金融科技的跨界融合

金融和科技，这两个不同"DNA"的融合，应该是一个从"金融"+"科技"走向"金融+科技"的过程。我个人的看法，前者是数字金融保险 1.0 的思维，后者是数字金融保险 2.0 和 3.0 的思维，但目前仍然处于数字金融保险 1.0 到 2.0 的阶段。

要融合,就得先站在各自的角度来看对方,再从理解和尊重中为彼此寻找"最大公约数"。

长久安于"高墙深壑"中的金融机构,突然面对外来科技,怎能"不紧张"!刚开始,金融机构并不太"在意",但当感受到威胁以后,本能的第一反应就是"抗拒",这是最近几年我们不断看到金融机构"抗拒"科技的原因。

等到不得不改变时,很多公司就会想,既然要做金融科技,便要从科技领域寻找合适的人才。但据我对业界的观察,这样的用人政策,能否持久还是个未知数。

举例来说,"空降"高管,当他得去面对一个"DNA"完全不同的公司文化和外部市场环境时,挑战可想而知。别的不提,适应金融保险业的高度监管环境,便足以让他打退堂鼓。

也许你会说,这是融合必经的过程,这我不否认,但有没有更好的路径和选择?如果"找到对的人"不太现实,那么"避开错的人"似乎更为重要。

在科技领域,只要关注技术、客户、体验就可以了;但在金融保险领域,除了这些,还要考虑监管问题。

之所以这么说,是因为金融监管真的很重要,并且相对于科技,这是最明显的差异。

监管的背后是风险和合规。

很多人不明白,为什么在金融这个环境中,风险与合规如此重要。

那是因为他们还没意识到,风险和合规之所以如此重要,很大程度上是因为"你的钱不是你的钱,而是客户(储户、投保人)的钱"。长期下来，金融保险业形成"风险厌恶"的氛围，这当然不是一两天可以改变的，而从某种意义上讲，这也不应该完全被改变。

金融科技的根在金融而非科技，这是很多金融机构"放不下"，而科技公司"不理解"的地方，以至于双方始终在拉锯、博弈。因为沟通不在一个"频道"上，双方俨然需要一个"传译"在中间，才能有效沟通。

所以，金融和科技的融合过程，必然是从现在的用科技为金融赋能，即"金融"+"科技"，走向明天的金融就是科技、科技就是金融，即"金融+科技"。这是从"金融为体、科技为用"，走向"体用合一"的过程。

本节思考重点

金融科技的跨界是趋势，趋势的意思是"未来主流"，但也表示它还不是"现行主流"。创新从来不会一蹴而就，只要坚持下来，就有机会。

7.3 扑面而来的新科技

AI（人工智能）、API（应用程序界面）、Big Data（大数据）、Blockchain（区块链）、Cloud（云端）、IoT（物联网）、Machine

Learning（机器学习）、Deep Learning（深度学习）……各种新科技扑面而来！

这两年，很多传统行业特别是金融保险业，从上到下、从里到外，普遍处于一种"科技焦虑"的状态。因为金融保险业一直是受保护的行业，进入门槛高并以专业自居，但突然间，竟被迫面对一场从未打过的"战争"。

"科技大军"早已兵临金融保险业城下，一面看似还在前门叫阵，而反手已经渗透进来，转眼之间跨界"打劫"。这场跨界"打劫"大约从2012年开始。

前些年金融保险业对阵科技，手中的"传统武器"可以说几乎没有胜算。那时，我们最常听到的是颠覆、革命，讨论最多的是互联网思维。

直到两三年以后，金融保险业逐渐"缓过神来"弄清局面，一方面它适应了科技的"打法"，自己也有了"新武器"；另一方面科技因为"不懂行"，开始发现自己深深陷入一个叫"风险"的泥沼中。

在2015年以后，随着各种新科技的陆续"报到"，一个以金融科技为大未来、大愿景的前瞻思维，开始进入大家的视野。

金融保险业的核心仍然是风险管理，无论有没有科技的"加入"，这个核心永远不会改变。关于这点，我在本书其他章多有论述，请读者自行参考。

没有人怀疑科技的重要性，我们也难以想象没有科技的未来。也许，这次科技大爆发，将会对我们产生更深远、更明显的影响。

但是，科技与人之间，科技为人提供服务是根本的道理。科技会改变我们的生活，使我们的生活更好、更舒适。怎么会有科技颠覆人的说法呢？

与"科技焦虑"伴随而来的是"科技绑架"。为什么会有"科技绑架"？因为不懂科技，不了解大数据、人工智能、区块链等新技术，很多人开始变得焦虑，这种焦虑一旦到达临界点，他们便容易被科技"绑架"。

于是，市场中出现了这种现象：有些做保险的、做银行的公司，说自己是一家科技公司。

前不久，一家银行的高管在接受媒体采访时表示人工智能不是技术，而是目标。在我看来，人工智能当然是技术，至于是不是目标，重点在于我们是否先弄清楚了使用人工智能的目的和想要解决的问题。

我认为，中小公司没有能力去自己发展人工智能，但有机会使用人工智能技术，就和现在购买 Office 和 Windows 等产品一样。不过更好的方法是不用买，而是拥有技术能力者愿意提供技术输出、科技赋能和共享，至于本业则隐身在科技和数据的后面。这就是平台思维，是金融保险业面对科技的一种新战略思维。

但即便如此，科技依然是技术能力，是你在尝试用一种平台和共享的科技思维发展你的金融保险本业，核心依然是风险控制。

谈到数字转型，它应该以业务为导向。金融不同于其他行业的三个特性是虚拟、服务、特许。其中有行业、专业和技术转型的问题，特别是金融产品本身的数字化，包括提供给客户的服务。

所以，或许将来一家能够提供科技输出，支持中小公司数字转型，并能够保障转型过程，具备金融基础的保险科技公司可以做点什么。

这必然是一个高度合作的情境，科技赋能未来并改变未来的生态。

无论金融科技还是科技金融，两者的本质和核心都是金融。

科技是支持发展的重要引擎,但最终的价值体现,是你的价值主张、客户体验、服务理念、应用内容、产品和解决方案。

你怎么看呢?

本节思考重点

1. 在各种新科技中,你认为,哪种对你个人、你的公司、你的行业将产生重大影响?为什么?

2. 一个公司的"定位",便是在告诉世人:我是谁,我提供什么服务。如果你是客户,当你的保险公司或银行有一天告诉你,它不再是保险公司或银行,而是科技公司,你有何感想?

7.4 两大硬伤

几乎所有产品都可能存在两大硬伤:一是缺少刚性需求,二是缺少客户黏性。这两个硬伤,都在某种程度上制约着各个行业的发展。

如果只是其一,那或许还好,例如餐饮业,需要考虑的不是客户吃不吃,而是客户会去哪儿吃、吃什么。

但如果同时存在这两大硬伤,特别像寿险这类以远期承诺为诉求的产品,要想发展便必须依赖渠道,例如门店、银行、电销等。

这导致大家都在渠道上做文章,信息不对称、不透明,客户的权益和感受往往不会被首先考虑。这样的发展轨迹，是环境和产品特性使然。保险如此，其他金融产品和服务也一样。

科技改变了我们的生活，公司与客户的接触也必然会发生翻天覆地的变化。这里，我们采取"客户"一词来诠释包括消费者、潜在客户、客户在内的所有目标对象。

我在前面的章节中介绍过客户自主和客户场景，这两者或许正是金融保险产品两大硬伤的解药。

科技带来的第一个改变是客户自主，代表"我的时代"来临。客户拿回了选择权，可以不再受制于公司和渠道。客户自主带来价值链解构，价值链解构产生新商业模式，所以当客户通过第三方平台接触金融保险时，原本的刚性需求硬伤便有机会被解决。

科技带来的第二个改变是客户场景。过去，公司通过渠道销售产品，并没有客户场景这个概念，或者说场景是由渠道所营造和控制的。

现在，随着客户拿回了选择权，科技金融也为应对各种生活化场景的进步而出现。客户的很多生活场景，带来可穿戴设备和物联网的商机，原本的黏性硬伤有望通过高频的消费场景和大数据得到解决。

在移动互联网时代，手机是入口，社群是机会，O2O 是动力，导购是场景，垂直是必然，平台是结果。

当今的公司正面临着激烈的竞争，如果想要争夺市场或自己创造蓝海市场，那么就应该尽快找到将产品碎片化的关键技术，占领以手机为主的客户端。

同时，公司应该利用微信、脸书、LINE 这样的社群媒体做营销，并全力打造 O2O 线上连动线下的交互型商业模式，贴近客户和消费行为，去创造以"获客"为目的的导购场景。

此外，公司也可以选择进入某些与自己价值主张一致，且有竞争优势的生态垂直领域。至于平台，那应是最后由满意的客户、有价值的产品和服务自然形成的结果。

客户自主和客户场景的影响正在快速扩大，公司若能利用这个契机，站在客户的立场去想问题和找答案，将有机会极大地改善这两大硬伤，促成交易的完成。

能不能给客户创造价值，要基于客户自主和客户场景来考虑，不是自以为是，或去盲目创新。将一切交易回归本质，不仅是把科技当成商业化应用的要求，而且要符合人性化交互的需求。

从前，凭一张熟脸或一纸字据，就可以在我们熟悉的圈子里交易，这是很人性化的。技术控可能认为这里的需求是满足支付的辨识技术，但交易是整个供需的交互过程，所以在电子化世界的多元场景里，也远不止靠满足单一的需求便能运转。

除了行业、专业，像交友、社群、安全、口碑、关注、参与、传播、体验、分享等这类极具互联网特色，又符合传统人性的功能与内容，在金融互联网化中将不可或缺。

其他金融也是如此。纵然余额宝有再强的专业性，若未能嵌入支付宝中，便不可能有今天的成就；就算支付宝有再强的技术支持，若未能嵌入各个生活场景中，也不可能有今天的成就。

余额宝通过余额打破了基金的游戏规则，创造了中国互联网金融的一个"壮举"。此外，碎片化保险及日后的种种微金融，也都有机会改变行业现状与生态。

我们必须知道，是先有了生活再考虑金融保险产品，不是为了金融保险产品而考虑怎么生活。对客户而言，生活中衣、食、住、行的场景多如牛毛，而金融保险产品只是一种既非刚性需求又无黏性物质的产品。

客户与非支付的金融保险产品都是弱关系，但客户与生活、场景是强关系。弄清楚它们之间的关系和它们之间存在的鸿沟，便能领悟客户自主的真谛和场景化营销的威力。

本节思考重点

1. 你的产品是否也存在硬伤？是什么？怎么解决？

2. 对基金市场而言，余额宝是最佳案例，它的所有交易都是客户自主完成的，所有场景都在支付宝中。为了实现客户自主，余额宝的货币基金，相较于传统基金，有许多创新和突破，你知道是什么吗？

3. 对其他非支付类金融而言，如何通过客户自主和客户场景来解决两大硬伤？

7.5 科技电销：从"剩下"到"胜出"

自 2018 年起，银保监会便屡屡下发电销监管函，直击保险市场的电销顽疾。长期以来，电销被人诟病最多的就是泄露个人信息、电话扰民及误导客户。

朋友问我："电销是否已经遇到了瓶颈，甚至走到了尽头？"这的确很难回答。我个人的看法是，电销经历了近十年的高速成长，现在确实到必须改变的时候了，与其说是瓶颈，不如说是转型。

过去，部分公司的无序管理和盲目扩张，让整个行业尝尽苦果。所以这个苦果是公司自己造成的，是客户对这些无序管理和盲目扩张的反扑，也是监管部门对眼前的市场乱象进行治理的主要原因。

因此，每个电销从业者，都该反省并积极采取整改行动，否则电销真的走不下去了。

对于电销的下一步发展，除了对乱象的治理与整改，我们还应该思考如何走入新的征程——科技电销。

关于科技电销，虽然模式上尚无定论，但与过去集中式管理、电销业务员只能使用统一外呼系统、单一呼出模式的传统电销肯定有很大不同。

未来的电销模式，可以是分散式管理，电销业务员使用手机与客户在社交软件上沟通，公司主动开发不同 App 帮助电销业务员在线上成交客户。

此外，结合线上"获客"和电销呼出的网电模式，以及结合大数据的数据库营销，都是非常不错的发展方向。

放弃纯"盲打"的模式，通过科技来协助电销业务员处理日常烦琐的客户服务工作，从而进一步改善接触效率和每况愈下的业务转化率。

有的公司着手研究将过去的集中式外呼改为移动式工作，通过降低职场固定成本，找到可持续发展之路；有的公司则积极开发电销业务员和客户沟通的社交管理工具，希望通过优化客户体验，提升成交率。

例如，网页实时通信 WebRTC（Web browser with Real-Time Communication）是一种支持利用网页浏览器进行实时语音对话或视频对话的 API，某公司将这项技术与 App 结合，当客户访问时，App 可以随客户的需求及时变更内容，也可以和电销业务员实时沟通，解决了低转化率的问题。

寻找有需求、有价值的客户，这个过程就像过滤金子。过滤器的网眼大了或放的位置不对了，漏下来的流量虽多但质量很容易出现问题；反之质量上去了，数量却难以保证。

唯有重视客户体验的电销，才会受到客户的欢迎。这个理念在过去很难被人理解和接受，但现在市场洗牌已经开始，就看如何趁势改变了。

能意识到必须改变，是第一步；知道如何改变，不等于可以成功改变。这是一个系统化变革，只能逐一完善，不可能一步到位，更不是喊喊口号、上几堂培训课便能解决的。

成功改变，需要时间与坚持。最终谁能"剩下"，谁就有机会"胜出"。

本节思考重点

1. 在传统观念中，保险是要被销售的、需求是要被引发的，你怎么看？

2. 保险有多重销售渠道，为什么电销容易成为客户投诉的"箭靶"？

3. 除了科技电销这一转型途径，电销还可以如何提升与改善？

7.6 区块链是"区块"+"链"吗

除了大数据、人工智能，区块链是近年来金融科技的又一热点。那么，什么是区块链？它在金融保险方面，有什么应用价值？

坦白说，我个人认为区块链本身还处于发展的初级阶段，之所以成为热点，是因为它有很大的"想象空间"。目前，区块链多停留在理论和实验阶段，但因为它有"破坏式创新"的特性，仍然吸引大家的眼球。

我试着整理关于区块链的定义、发展、应用领域、案例等信息，读者可以思考，这项新技术和自己所在行业或公司有什么联系。若有兴趣深入研究，请大家研读此专业领域的相关图书。

区块链是提供可信赖的记录，通过分享和共同维护的共识机制，让彼此不完全信任的多方之间产生信任。同时，区块链实现了"去中间人"的点对点交易，包括资产和价值的转移，可以节省成本。而且，区块链所记录的内容，只能新增，不能修改。

目前，区块链最成功的应用就是比特币。点对点的网络，将比特币的每笔交易都记录和储存在区块链中。每个比特币用户就是一个节点，在每笔交易被打包成区块后便基本成立，在得到6个区块确认后便不可逆转。

可以说，虚拟数字货币是区块链的一种应用，而比特币便是第一种为大众所熟知的应用。

在2015年之前，区块链公司的业务以电子钱包或数字货币交易所为主，当时线下接受数字货币做交易的实体门店少得可怜。

自 2017 年起，全球比特币炒作日盛，交易价格不断攀升。2017 年下半年，政府正式对数字货币颁布禁令，比特币全球行情一度受到重挫，随后继续上扬。

到了 2018 年年初，比特币行情在六周内贬值了 40%。在缺少内在价值又无应用场景的情况下，有人将比特币喻为"1636 年的荷兰郁金香投机"[①]，比特币被投机者推到风口浪尖，距离泡沫只有一步之遥。

那么，对金融保险业而言，我们应该如何将区块链应用在更多的领域呢？我们可以从区块链的以下主要特性切入。

区块链记录的不可篡改特性，让许多与合同相关的交易都可以加以运用。在 2015 年之后，区块链开始尝试用在比特币以外的其他领域。智能合约便是以区块链作为底层技术的一种应用程序。智能合约需要区块链，也需要外部可信赖的资料源，一旦受到事件触发，便会自动执行。

以保险业为例，2017 年国泰产险把智能合约运用在航班延误的履约上。只要将飞机的起飞时间数据（外部可信赖的资料源）接入区块链，并确认符合延误理赔条件（事件触发、非人工判定），智能合约就可实现自动化理赔（自动执行），提高理赔作业效率。

---

① 1636 年荷兰的郁金香投机，是有据可查的人类历史上最早的泡沫经济的代表。

根据文献记载，郁金香在 16 世纪中期从土耳其传入奥地利，然后从这里逐步传向西欧。在 1634 年以后，郁金香的市场需求逐渐上升；到了 1636 年，不仅珍贵品种的价格被抬高，几乎所有的郁金香价格飞涨。

在短短一个多月内，郁金香的价格被抬高了十几倍甚至几十倍。好景不长，这样的繁荣只维持了一个冬天，在开春之前，郁金香价格泡沫破灭，市场一片混乱，价格急剧下降，有些品种的价格甚至狂跌到最高价格的 0.005%。

此外，区块链技术也被尝试运用在**反保险欺诈领域**。通过组建行业联盟链，在数据共享的基础上，根据智能合约，界定客户在投保时是否具备投保资格。这样既能保护客户隐私，也能从源头上杜绝骗保、骗赔等欺诈行为，起到防范风险的作用。

虽然保险公司能通过智能合约提升短期保险的理赔效率和客户体验，但不免让人有"用牛刀杀鸡"的疑惑，因为其他更为简易的技术一样可以解决这些问题。

对长期的寿险和健康险而言，解决了合约不等于解决了理赔。而且如果想要通过一个闭环式管理让智能合约发挥效益，那么还关系到前端的产品设计和定价，所以要考虑的是整个系统的风险管控。

智能合约的应用，是保险业对区块链的初步探索与尝试，未来能否发展到其他需要储存证据、提升透明度、实施自动化以节约行政成本的地方，还没有定论。

不只保险公司，银行也开始进行区块链的研究。2015年，银行联盟专属的R3私有链成立，有超过70家银行加入。但经过一年多的实验，R3得出了一个这样的结论：银行不需要区块链。

这个结论并不让人意外，也不代表区块链没有价值。因为区块链本来就是一种去中介化的技术，过去以银行为中介的金融交易，可能会因为区块链而消失。

无独有偶，2016年10月，全球保险业也成立了跨组织合作的B3i保险联盟，参与的有苏黎世保险、安联保险、全球保险、东京海上保险、慕尼黑再保、瑞士再保等全球知名的保险公司。

B3i的愿景是发掘区块链的潜在应用，为客户提供更好的服务。第一个试点项目，是在成员公司之间发起使用区块链的智能合约，这是区块链技术经由共享和维护机制，促成不完全信任的多方得以进行交易的一种有益尝试。

区块链是技术，不是应用。尝试将虚拟币作为激励奖励用途的新商业应用，我个人认为可探索"从数据和账户角度来实现商业价值转化"，而不是探索区块链本身。

2016年，世界经济论坛（WEF）提出了三个引入区块链的主要困难与挑战：

一是基础设施替换成本高，因此可考虑从新领域引入，包括新产品、新渠道；

二是监管需要松绑，否则智能合约利益相关者的一致性、保险联盟的成立便会有问题；

三是各方共识，如共享信息与记录的权利义务、公正第三方维护、外部可信赖的资料来源等。

此外，推动客户个人信息授权使用，对引入区块链应用也非常有帮助。

"区块"代表"交易的验证"，"链"代表"所有权的转移历史"。也许有一天，客户可以通过智能合约进入保险价值链的各个环节，与所有保险公司对接。所有的交易记录、承保信息和理赔数据，也都会被储存在区块链上，这或许是区块链在保险业的最佳应用场景了。

本节思考重点

1. 在公司内，任何需要储存证据、提升透明度、实施自动化以节约行政成本的地方，都可以考虑使用区块链技术。你所在的公司有可以使用的场景吗？

2. 公益是另一个常被提及的区块链应用领域。通过区块链记录每笔善款的来源和去处，信息透明且不可篡改，以确保每笔善款都能善用。在目前的互联网金融保险中，你看到哪些商业模式可以应用区块链来达到类似目的？

7.7 一只长了翅膀在天上飞的猪

几年前，有这样一句名言：站在风口上，猪也能飞！于是，大家都拼了命地找风口。有张图在网上流传，图上是一只长了翅膀在天上飞的猪，它身旁满是浮云，虽然极为讽刺，但影射了今天各式各样的所谓的创新，不得不说确实颇为传神。

这张图也反映了从过去到现在，金融科技的泡沫化。而且我认为，在可预见的未来，金融科技恐怕还会继续出现这种泡沫化。

一些公司，去年说自己有大数据，今年又说人工智能帮自己赋能，也许到了明年，又能和区块链沾上边。

我想，若真有技术背景支持便是好的，如果是为得到市场关注和风投青睐而采取的宣传手段，那么这些公司想不"泡沫化"都很难。

在泡沫化危机中往往也蕴藏着机会。不过，唯有认清并戳破泡沫，这个机会才是真的。

这两年，互联网金融向金融科技方向发展，随之而起的是各种各样想为金融保险"赋能"的科技概念。

赋能一词被经常提及。阿里巴巴强调要"赋能中小公司";腾讯的格局观是"连接一切、赋能于人";京东则发布"零售赋能"新战略。

当然,科技带给线下渠道与业务的影响不容小觑。例如,当公司或客户利用各种新技术来降低交易成本或提升产能效益时,这个过程创造了价值,这是基于"功能"的赋能,如图7-1所示。[①]

不过,对金融保险而言,只是降低交易成本、提升产能效益的赋能,并不能创造蓝海。真正的蓝海市场在科技创造出来的一个万物互联的世界中。

与其他行业不同,在金融保险的数字世界中,硬件的重要性被弱化,取而代之的是软件和服务;供需之间去中介化,实现端对端的数据直连;新的需求创造出新的商业模式,新的技术带来产品的变革。

这些是不可逆转的趋势。然而,金融保险被科技赋能,这只是开端。未来,唯有将自身的产品和服务走向虚拟化、数字化,嵌入其他设备的软件和服务中,才有可能带来数字蓝海。

---

① 艾瑞克·阿奇思特(Eric Almquist)、约翰·西尼尔(John Senior)、尼可拉斯·布洛克(Nicolas Bloch)提出30项基本价值要素,满足4类需求,分别是功能、情感、改变生活、社会影响。

通常,提供的价值要素越多,客户的忠诚度越高,公司的利润也越丰厚。并且,不同行业有不同的价值要素,价值要素之间,不同公司也有不同的优先级。

但一般而言,产品和服务的质量,在多数行业中,都是最重要的价值要素。最后,当我们需要建立其他领域的价值要素时,例如客户服务,同样的概念也可以套用。

```
                社会影响
                         ╱ 自我 ╲
                        ╱  超越  ╲
                ─────────────────────
                改变生活
                      ╱  希望、自我实现  ╲
                     ╱                    ╲
                    ╱  动机、传家宝、归属   ╲
                ─────────────────────────────
                情感
                   ╱  健康、疗愈、娱乐、吸引力、渠道  ╲
                  ╱                                    ╲
                 ╱  减少焦虑、奖励、怀旧、美学、象征    ╲
                ────────────────────────────────────────
                功能
                 ╱  省时、简化、赚钱、降低风险、组织、整合、联结  ╲
                ╱   省力、省心、降低成本、质量、多样化、感官魅力、信息  ╲
```

图 7-1 需求的价值要素

从金融保险角度看，你也许会对我所描述的愿景存疑，这没有关系，因为每个人对未来都有自己的理解和想象。

有趣的是，过去五年来，我和科技界的朋友持续交流，这个思路倒也获得了不少认同。不过他们也经常困惑，不知道除了赋能，科技还能为金融保险做些什么，以及金融保险可以为科技带来什么。

面对创新和未知，思维碰撞是必不可少的，而且不可以自陷于过去的经验和行业规律中，否则很难有机会突破。

本节思考重点

1. 赋能与价值之间存在什么关系？

2. 结合你所在的行业，从客户角度看，你认为你能为他们提供的价值是什么？

3. 为什么仅凭赋能并不能发现金融保险的蓝海？

4. 参考需求的价值要素图，去定位你的产品和服务，看看能带给客户哪些价值。以客户为中心、产品和服务为左右，便是一个基于互联网的、结合客户、产品、服务的营销战略。

7.8 监管科技的未来

自 2008 年金融危机以来，监管科技（Regtech）的重要性便与日俱增。据统计，2014—2019 年，监管科技类新创公司累计获得超过 30 亿美元的投资，共完成 400 件以上的交易。

科技发展的速度越来越快，这对个人、公司和政府都将产生影响。对个人而言，需要不断接受新的知识才能跟上发展的步伐；对公司而言，需要思考能够跟上科技进步的策略；对政府而言，支持科技创新，应对它所带来的变化，将是非常大的挑战。对于正在崛起的金融科技来说更是如此。

虽然有人认为监管科技属于金融科技，但无可争议的是，监管的重心在风险的控制和合规的确保上。

未来的科技金融将深入制造、医疗等各方面，例如工业 4.0、智能医疗、智慧城市等，科技化的金融监管已是大势所趋。同时，监管也会在科技的助力下，通过风险预判等手段来避免类似 2008 年的金融危机再度爆发。

此外，公司经营的合规成本越来越高，也促进了监管科技的发展。

面对金融科技的众多小微公司，政府也需要建立新的监管制度和规则，支持它们的生存发展。

理想的监管科技，不仅是以管理为目的，而且要为金融科技的从业者和金融机构创造价值。

目前，监管部门要求金融机构去"了解你的客户"，也就是KYC，未来监管重心将逐渐转向"了解你的数据"，也就是KYD。

新的监管重心包括对客户的保护将延伸到个人隐私，算法将受到监管，个人的财务网络将和财务稳健同样重要。

过去以牌照为门槛的金融机构，未来要依靠人工智能、区块链等新技术取得竞争优势。因此，金融机构对新科技的应用，也将成为监管的重点。

从1.0金融保险互联网化，到2.0互联网金融保险，再到3.0物联网金融保险，无论金融科技还是科技金融，政府有效地监管已经刻不容缓。

科技带来的新商业模式、跨业生态系统、移动客户端应用、数字金融，让监管对系统性风险和市场风险的防范变得格外困难。

因此，对监管部门而言，将金融科技所带来的新商业模式和新业态做差异化监管是必要的选择。例如，对电子支付另立新法，对反洗钱制定不同的游戏规则。

本节思考重点

1. 目前，对监管科技虽然没有统一的定义，但共识是：监管的重点，是风险的控制和合规的确保。

2. 监管科技的发展，源自合规成本的上升、跨界风险的上升、科技创新的需求、对风险预判的需求。

3. 受新科技影响，监管科技将从KYC"了解你的客户"，走向KYD"了解你的数据"。

4. 从数字金融的演变，我们可以看到监管科技发展的方向。跨界生态系统、移动客户端应用、数字金融等，让监管对系统性风险和市场风险的防范变得格外困难。

7.9 保险科技案例

相关数据显示，保险科技在2016年获得了16.9亿美元的投资，到了2017年，交易量增加了39%，交易总值上涨了36%，达到23亿美元。

相较于保险业总体量，这样的数据虽然是九牛一毛，但保险科技已经不再只是私募与风投的目标，而是成为全球性现象，更是正在成为保险业组织革新的跳板。

保险科技的创新，带来两大影响：价值链解构、保险串接装置。

价值链解构的诉求是客户自主，带来了第三方平台等新商业模式；保险串接装置的诉求是客户场景，创新的领域多与可穿戴设备、物联网相关，基于大数据和远程通信技术的商业模式都属于这一类。

关于价值链解构、保险串接装置，请参阅前面的章节。以下就欧美较具特色的保险科技案例，与读者分享。

1. Vitality Health

英国保险公司 Vitality Health 是保险串接类中颇具特色的公司。该公司提供的服务是"按你的场景，管理你的风险"，即通过与客户的频繁交互，对客户的行为和健康管理提出建议，并提供更多合适的增值服务。

Vitality Health 的 App "Vitality GP"，可为客户提供移动医疗服务，并借此推广自己的保险产品。同时，该 App 与医院连线，医生在线问诊后开出药方，通过快递便可以直接把药方中的药送到客户家里。

Vitality Health 提供健康咨询的差异化服务，和多个相关第三方合作，鼓励客户追踪并分享他们的生活数据，利用所收集的数据进行分析，并将结果和建议反馈给客户。

Vitality Health 运用优惠来奖励那些选择健康生活方式的优质客户，并以此吸引更多同类型的客户。

从本案例中可以看出，这类保险公司提出了新价值主张，例如，为客户提供健康管理或健康咨询，有选择地开发特定目标市场、细分市场，并以差异化来竞争。

在做法上，保险公司与第三方合作，提供持续的优惠和增值服务，让客户乐于分享自己的数据。最终，通过所收集的数据，保险公司可为客户量身定制健康管理和风险管理方案，并因此提升客户对它的忠诚度。

然而，在这个领域竞争的保险公司正面临一个问题：客户数据安全。这些数据包括客户个人的静态数据、行为数据和生活数据。

不过，保险公司收集的数据越来越多，也使得它在金融领域中的战略地位不断提升。但如果想发展数字保险，那么保险公司对客户的个人资料，在安全性和合理合法使用上将需要完善的解决方案。

2. OSCAR

和 Vitality Health 有类似的商业模式的是美国的 OSCAR 线上保险公司，它通过数据来驱动业务，运用互联网、移动设备及大数据分析，提供人性化医疗咨询服务。

该公司成立于 2013 年，以个人健康险作为细分市场。2016 年，公司估值已经达到 15 亿美元，会员超过 14.5 万名，分布于纽约州、新泽西州和加利福尼亚州等。

与此同时，OSCAR 与 Montefiore（医疗中心）、Mount Sinai（西奈山医院）和 Long Island（健康照护体系）也建立了合作关系，以增加未来的服务广度。

OSCAR 主要在三个领域提供服务：一是利用大数据提供线上的个性化保险规划；二是整合医疗服务生态圈，提供线上问诊、症状搜索、特定医疗比价功能；三是提供智能手环，协助客户做健康管理，奖励维持健康习惯的客户。

该公司以打造个人健康管理为目标，其所有服务流程都已经数字化，因此价格、服务透明，客户有更好的体验。然而，美国复杂的医疗体系、高昂的医疗费用和运营成本，将是它发展中的大问题。

3. Lemonade

总部位于纽约曼哈顿的 Lemonade，是一家结合人工智能的保险公司。该公司的创新商业模式，是对传统价值链的解构。

客户可以直接在手机上投保，聊天机器人 Maya 可以代替业务员处理文书工作，与客户互动，为客户设计专属投保方案。

保险公司一般是通过客户支付保费及管控理赔风险赚取收益的。但 Lemonade 仅将保费的 20% 作为公司的运营费用，一旦客户的理赔金有剩余，Lemonade 会全数捐给客户指定的慈善机构。

"Forget everything you know about insurance—instant everything. Killer prices. Big heart."（忘掉你所认识的保险——瞬间完成、"杀手"价格、仁善之心。）这是打开 Lemonade 官网，首先映入眼帘的宣传语。

瞬间完成，指的就是 Maya 的服务。Lemonade 宣称 90 秒能完成投保、客户在 3 分钟内能收到理赔金。

"杀手"价格，指的是租户保险最低每月 5 美元、家庭保障最低每月 25 美元，并且 Lemonade 提供由其他保险公司转到自己公司的服务。

仁善之心，指的是公益。Lemonade 将这种行为称为"the give back"（回报），希望通过这种方式，彻底扭转过去公众对保险的错误认识。

4. Friendsurance

Friendsurance 也是对传统价值链的解构，是一种点对点保险。它并不是保险公司，而是德国第一个社群保险平台，让客户的朋友来共同分担理赔风险，降低理赔率，并获得反馈金。

Friendsurance 成立于 2010 年，到了 2013 年和 2014 年，已有 80% 以上的客户得到反馈金。其中，财产保险的保费返还比例平均为 33%。

截至 2015 年，平台客户达到 75000 名。2016 年，Friendsurance 将点对点保险业务扩展到澳洲，此保险业务也已经取得了欧洲及美国的专利。

Friendsurance 主要是通过以下方式提供服务：

一是通过社交网络，由客户自行在平台发起、邀请并建立 4~16 人的互助型保险社群；

二是将保险与返利做创新结合，保费的 40% 放入资金池，小额理赔来源于社群互助金，大额理赔由保险公司负责，当社群中无人申请理赔时，最高能获得 40% 的反馈金；

三是通过社群压力做风险管控，减少欺诈和出险概率，降低保险公司的前期征信成本。

Friendsurance 与保险公司合作，虽然大额理赔依然由保险公司负责，但通过小额理赔互助形式及上述风控手段，能有效降低保险公司的成本及风险。

本节思考重点

1. 你认为每个案例的亮点在哪里？成功之处在哪里？又有哪些潜在风险？

2. 价值链解构和保险串接装置，是科技颠覆保险的两个主要领域。你见到过类似的商业模式吗？

第8章
保险未来

万物联网的世界，正在我们的眼前展开，全球新一轮"工业革命"也正在发生。同时，5G与制造业融合发展，将推动未来行业创新提前到来。

本章不涉及技术，主要介绍物联网的概念、竞争版图重构、金融保险的场景应用，以及面对物联网世界的平台战略、金融保险的策略选择等。

8.1 物联网的主战场在场景、数据、应用和服务

什么是物联网？它是一个万物都可以联网的数字化世界。以下是物联网的几组数据和发展趋势：

根据全球市场研究与咨询机构 Strategy Analytics 的报告，截至 2017 年年底，全球的联网设备已经达 200 亿台；预计到 2020 年，将增长至 500 亿台，并出现 250 亿个联网 App 和 40 亿使用者。

在物联网的各种联网设备中，智能家居将在 2021 年超越智能手机，成为物联网增长的主要驱动力。同时，物联网的总市场规模也将达到 20 万亿美元。

简单科普一下物联网的架构。物联网有四层，分别是感测层（传感器收集信息）、网络层（传输信息）、资料层（储存信息）和应用服务层（提供产品和服务）。

显而易见，物联网市场最重要的成果展现，是其应用服务为大众提供的价值，物联网的商机有八成以上将来自应用服务层。因此，物联网不单单是软件和硬件的整合，也将带来更多面向客户的场景。

场景的核心，是客户数据，包括静态的个人数据及动态的行为数据。物联网不仅带给我们全新的生活方式，通过利用这些数据，也会带给我们全新的商业模式。

从个别独立的联网设备，到相关产品组成的产品系统，再到连接不同产品系统组成的系统体系，物联网将带给我们全新的智能生活。

智能手机，是第一个贴近日常生活的智能设备。

智能手机的设计造型固然吸引我们，但如果它没有搭载那些 App，为我们提供日常生活所需的各种服务，同时带给我们许多乐趣，那么它其实不过是个普通电话机。

所以，智能设备和物联网的价值，取决于运行在场景上的应用、服务和数据。能满足需求、带来价值的服务体验，才是"王道"。

传统金融保险公司若能从数据中发掘独特商机，提供独一无二的产品和服务，便有机会找到全新的商业模式和蓝海。关键就在于，如何对传统金融保险产品进行数字化改造，让数字金融保险所提供的应用和服务，能够无缝连接物联网的场景和数据。

未来，无论产品还是服务，都将走向虚拟化或代码化（例如，移动设备的虚拟信用卡），以智能手机或其他智能终端为载体，为我们的日常生活提供服务。

参与者胜出的关键是掌握场景和数据，并能创造对客户有价值的应用和服务，找到可持续发展的商业模式和盈利模式。

这不是对未来世界的想象，实际上，物联网时代真的已经到来！

> **本节思考重点**

1. 智能家居将取代手机，成为推动物联网的主要动力。你能从智能家居的发展中，找到适合自己的发展场景和服务吗？

2. 把公司的无形产品数字化，有形产品虚拟化、代码化，并将它们嵌入联网设备中最关键。同时，把公司的服务与物联网的"随选"和"共享"机制串联，并与所在生态圈的其他供应商跨界合作，共同为客户创造最大的价值。

8.2 物联网世界的新竞争版图

在物联网时代，产品一旦可以联网，原来的行业边界就会被打破，伴随而来的还有一连串需要重新思考的选择题，例如新的定位与角色、新的价值主张等。

打破行业边界会造成原价值链解构和新价值链重构，使得长久以来的规则发生很大变化。

行业结构一旦重塑，首先改变的是竞争环境。

完全以数据驱动的物联网生态，使得产品的定制化和差异化成为可能，加上可延展的丰富的增值服务，价格竞争也有望改善。此外，供应商对提供物联网相关服务的前后端平台、技术和服务的合作伙伴变得越来越依赖。

同时，因为客户转换成本升高，供应商与客户的关系有所缓和，客户对供应商的黏性也会提高。例如，当智能手机、移动手环或手表（联网设备）绑定了更多的功能和服务时，客户对它们的依赖程度也会不断加深，竞争者从原供应商抢走客户的成本自然会随之提高。

数据使得客户区隔、细分市场的商业策略成为可能。新的商业模式，例如"产品即服务""产品共享"等，将让联网设备有机会成为一个平台和生态圈，为供应商带来更大、更有潜力的商机。

跨界进来的竞争对手，可能会通过"点线面"的布局扩张，改变过去的行业生态。物联网将改变传统的产品价值主张，过去清晰的竞争边界变得模糊。

首先，联网设备让原来的成本结构发生改变，功能竞赛、免费升级将使固定成本被拉高；通过后台即可运维的模式，则使得变动成本降低。成本结构的改变，使原来惯用的营收方式也不得不改变。对传统产业来说，这些变化都是需要去面对的。

随之而来的是供应商将把相关的个别产品组成产品系统，进而连接不同的产品系统组成系统体系。这种"点线面"的扩张布局是跨界竞争的缘由。

智能家庭中出现的各种联网设备，让过去不会彼此竞争的公司开始竞争。例如，智能家居品牌 NEST 推出了系列联网设备，包括智能调温器、智能监控 Notion、智能门铃 Hello，以及曾在市场上热卖的亚马逊智能音箱 Echo。类似于这些联网设备的不同供应商，以及提供相关服务的前后端平台，都将面临从未有过的竞争与合作。

随着物联网的发展，金融保险公司若想打造出自己的生态圈，可以选择自建场景，也可以选择和不同场景合作，并把该场景作为一个开放平台，通过 API 接口和其他联网设备供应商、服务提供商展开合作。

新创公司想打赢这场"战争"并不容易，它们将面临来自传统公司的强力抵抗。一旦传统公司转变，开始踏入物联网，那么这种竞争将更为激烈。但如果传统公司只想维持既有强项，那么新创公司将有机会胜出。

这是因为联网设备将提供比传统设备更强大的功能，加上新的、更合理的付费机制，无论"随选"还是"共享"，联网设备的替代与排挤效应都将越来越明显。

联网设备的供应链和生态也将因此改变。那些不具有未来技术实力的传统硬件、零件供应商的话语权将越来越弱，最终退出市场，取而代之的是具有智能联网与大数据技术的供应商，以及趁势崛起、具有同样能力的服务提供商。

在如今的智能家庭中，已经出现了新的行业边界与系统体系。在这个生态里，通过上下游整合，行业本身的定义被改变、扩大，并涵盖相关的产品和服务。因此，过去单一的产品竞争，已转变为领域更宽广的系统和体系竞争。

在这个生态中，各个公司都是参与者，被经营该平台或入口的巨头所控制，就像谷歌、苹果公司和亚马逊；也可能被智能设备制造商所控制，例如小米、海尔。

要参与这场"战争"，金融保险公司可以选择成为不同生态中的服务提供商，或让自己也成为一个跨界的生态圈，与其他生态圈进行深度合作。

本节思考重点

1. 要参与"战争"，首先必须有跨界人才。如何培养跨界人才？

2. 无论身处什么行业，你想过有一天你所在的行业会被科技颠覆吗？

3. 除了边界的扩大与模糊，未来将不是一对一的单打独斗，而是平台之间、生态之间的竞争与合作。你与你的公司将身处什么位置？

8.3 车联网保险

车联网是一种与汽车相关的物联网，通过联网设备收集动、静态数据，并有效运用和管理。车联网保险是保险在车载联网设备上的创新，也是保险在物联网上最早的实践场景之一。

车联网保险是依照客户（驾驶人）的驾驶行为和汽车的实际使用情况来评估风险和计算保费的创新险种，这类保险叫 UBI（使用者基础保险，User Base Insurance；或使用基础保险，Usage Base Insurance）①。

2016年，泰安产险公司推出UBI车险，采用PAYD（驾驶才付费，Pay As You Drive）模式，通过App记录驾驶里程，并以此为费率因子提供保费优惠；再和车载诊断系统供应商合作，除了驾驶里程，驾驶时段也作为费率参考因子，费率优惠最高可以达到25%。

2018年8月，监管部门通过了四家试点保险公司申报的首批UBI车险的审核。监管部门对UBI车险的主要考虑是，因为现有监管框架基于传统作业模式，对保险科技存在不适应性，部分领域可能有空白，所以认为监管政策和规则还需完善。

与此同时，银保监会辖下的中国保险信息技术管理有限责任公司（以下简称中保信）也已经着手建立数据标准和数据通道。2019年3月，由中保信牵头起草的《机动车保险车联网数据采集规范》团体标准发布，规定了车联网数据采集工作的标准术语、基础数据项、数据校验规则，为日后发展车联网保险奠定了基础。

在技术提供方面，以提供手机UBI、硬件设备、数据服务等的新创公司为主。加入试点的保险公司以中大型为主，包括平安保险、阳光保险等，小型公司多持观望态度。

车联网基本上有三类试点方案，如图8-1所示。

---

① 除了车险，UBI也被应用在健康险领域。保险公司通过可穿戴设备，了解客户的生活习惯和医疗数据，可以提供保费优惠或健康管理服务，包括健康信息或健康诊断反馈机制，减缓客户的健康衰退与失能，减少日后的医疗理赔给付。不过，这类影响习惯的保单通常被称为外溢保单，与我所倡议的数字保险并不一样。

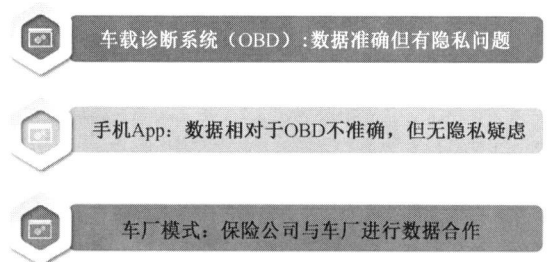

图 8-1 车联网的三类试点方案

第一类是车载诊断系统（OBD），因为使用不方便且有个人隐私问题，推广比较困难，但所收集的数据质量高且稳定。保险公司可以按"秒"定义不同事件、建立评分模型，可以对不同驾驶行为进行风险评估。

目前，有的联网设备已经和行车记录仪绑定，并通过智能语音助手，形成一个安全驾驶的智能终端。

第二类是手机 App，即通过 App 启动并收集数据，因为使用方便简单且无隐私问题，推广相对容易，但数据不像 OBD 那样精确。经过匹配理赔数据、建模等一系列工作以后，保险公司发现，驾驶行为和出险有极高的相关性。

第三类是车厂模式，即保险公司与车厂进行 UBI 数据和承保、理赔数据的交换合作。现在，各大车厂大多已经涉足车联网，并试图成为车联网供应链中的价值枢纽，积极与保险公司开展业务合作。

保险公司试点结果显示，OBD 设备的日均使用率比手机高，但两者的月均使用率相差无几，而 OBD 设备一年后的使用率仍在 70% 以上。

同时，为推广 UBI 车险，保险公司也需要投入资源做客户运营，包括奖励、积分和组织社群。部分公司着手自建数据平台、评分模型和系统，根据试点经验发展按"天"和"里程"投保的 UBI 车险。

2017 年年底，银保监否定了市场上安心财险的"按天买车险"模式（当客户不使用汽车时，通过手机客户端退还保费），认为本质上这只是促销，该模式下的产品也因此被要求下架。

此外，中华联合产险公司的"e 驾按天保"也难逃下架的命运。市场普遍认为，使用外部平台累积的数据难以支持风险定价，而保险公司缺少核心计算模型和统一的标准等技术问题也亟待解决。

总结上述试点，保险公司面对车联网保险仍存在如下问题：

1. 面对数据多样性，来自 OBD、App、车厂的数据，保险公司该如何取舍？

2. 如何通过里程和驾驶行为等数据来设计产品和定价模型？

3. 理论上 UBI 会使保费降低，但设备和运营推广的成本将提高。UBI 产品的盈利模式是什么？

4. 如何看待不同来源数据质量的差异性？以什么为标准？

5. 如何提升客户的活跃度和黏性？特别是如何提升出险后理赔服务的质量？

整体来说，UBI 对保险公司、客户、政府都有利。保险公司可以得到驾驶行为数据，在发生事故时及时警示消费者；消费者可以减少保费支出并改善驾驶行为；政府则能靠数据推动制定与道路和安全相关的政策。

表面上，UBI 将造成保险公司的保费损失，但是根据欧美地区的经验，UBI 对保险公司的理赔管理帮助很大，所以最终受惠的将是保险公司。因此，针对上述问题，保险公司要站在全面的角度，才能得到长远利益。

本节思考重点

1. UBI 是金融在物联网最早的应用之一，对保险公司、客户、政府都有利。既然如此，为什么推动起来仍有不小的阻力？

2. OBD 是收集客户驾驶行为和数据的联网设备，类似的联网设备也在进入其他场景及不同行业。通过这些联网设备收集的数据，是日后发展物联网金融的基础。问题是，产品如何与这些联网设备与数据"无缝连接"在一起？

8.4 物联网的平台战略

缺少客户池的公司，为了快速积累可用的客户资源，以提升业绩，往往会选择与线上平台、垂直入口合作，通过营销活动吸引客户，获取他们的信息，为线下渠道的可持续发展做充分的准备。

可是，由于平台和入口的干扰，这样的合作逐渐丧失了原本的"获客"作用，这时应该怎么办？

如果从平台和入口还能获得一定的业务规模和营收，那么也许公司会考虑持续合作。但公司往往因缺少能掌控的渠道和客户来源，不仅业务发展相对被动，而且有经营的战略性问题。

如果公司的定位就是做产品的生产者，那么这或许不是问题。但即使如此，公司也要做好准备，接受日后的发展将长期受制于外部渠道这一现实。

因为渠道不是自己的，想维系与渠道的合作关系，公司除了要不断让利给渠道，还必须对产品进行创新，以吸引更多的客户。

因为渠道不是自己的，公司对数据的获取和使用管理就变得非常重要。引入大数据、人工智能、区块链等新技术，朝科技化方向发展会有帮助。不过，科技若要发挥有效的作用，还需要一段时间。

要解决上述痛点，公司在合作伙伴的选择上，最好能避开价格竞争、不愿分享客户资源的平台。

互联网金融公司可以跨界合作或选择进入物联网蓝海，与外部物联网的前端设备或后端技术平台合作，开发符合未来物联网特性的碎片化和场景化产品，以避开眼前的市场竞争和价格战。

当然，根本的解决办法还是自建一个通过 API 连接物联网的开放平台。

外部平台的价值在于它能连接场景和客户。我的建议是自建平台，而不是自建场景，利用自建的平台去连接外部的合作对象与设备，来开发我们需要的场景和客户。当然，倘若公司的财力雄厚，自建场景也可以。

健康险公司可以选择和具有健康医疗场景的可穿戴设备制造商合作，或加入智能健康、智能医疗、智能家居的生态圈中，将自己的服务与对方连接起来，并将健康险产品嵌入其中来吸引潜在客户。

这是整合资源、创造价值、去互联网中介的概念，也是脱离固有的发展和竞争模式，改由自己搭桥造路的战略思维。然而，要做到这样的创新突破，不仅是资源投入问题，而且是战略决策问题。

问题可能包括：将来这个平台的运营能否到位，以及其他基本配套设备是否存在隐患等。倘若这些问题都没有答案，日后来自此平台的资源导入，也难以为公司产生让人满意的效益和结果。

本节思考重点

1. 你的公司有能掌控的渠道和客户来源吗？如果没有，那么会有什么风险？有什么解决方案？

2. 为什么要考虑自建平台？有什么好处？有什么挑战？

3. 为什么不考虑自建场景？有什么困难？有什么风险？

8.5 面对物联网世界，金融保险公司的策略选择 1

物联网对传统制造业的影响是直接的，对金融保险业的影响是间接的，但因为物联网模糊了竞争边界，跨界恐怕会成为常态。加上数字化颠覆了传统保险产品的设计、定价、付费，对保险业的影响恐怕将是很大的。

物联网对金融保险的间接影响，我认为利大于弊、机会大于风险。只不过对那些还没有准备好、无法抓住机会的公司来说，这样的风险很可能是灭顶之灾。

我以保险为例，并尝试从非金融保险的角度反观金融保险，看看在面对物联网的时候，我们应该如何思考发展策略。

这是个辩证过程，一共有 10 种策略可以选择，你也可以认为是

10种不同角度。内容较多，分小节进行介绍：策略1~3放在本节，策略4~6放在第8.6节，策略7~10放在第8.7节。

1. 金融保险公司从联网业务所取得的机会和传统业务体系之间有何关系？

长期以来，每当金融保险公司思考如何发展互联网金融和金融科技时，第一个要面对的便是这个问题。

对保险业来说，传统业务员渠道碰到互联网冲击该如何取舍，能否两全？关键在于，互联网和既有渠道的发展不变成"零和游戏"。

因为一旦变成"零和游戏"的博弈，公司通常只能选择既有渠道，从长远角度来看，这或许是危险的战略决策，却是眼前最安全的选择。其中的原因很复杂，例如，业务员的定位调整，公司的关系调整。哪部分作业将被自动化和保险科技取代？是为了提升效能还是节约成本？是对外获取新客还是对内提供业务支持？

其实上述种种都可以整合成一个问题：究竟公司的整体发展战略是什么？

面对新旧融合，除了考虑成本和效益的变化，积极思考科技对销售端供需的影响，采取虚实结合的形式，或许是供给侧兼顾现实与未来的最佳方案。

2. 金融保险公司应该追求物联网的哪种场景与特性？

金融保险公司很少拥有生活场景，除非是由非金融保险领域转战金融保险，或综合开拓掌握其他兄弟公司的既有渠道和客户，但这不是多数金融保险公司能随意复制的策略。

物联网的兴起，对缺少生活场景的金融保险公司来说其实是一大利好。面对这个千载难逢的机会，大家可以重新检视甚至改变过往的价值主张。

要发展新的价值主张，已经不像过去那样需要大量的实体投入，比拼的是对未来的前瞻洞见、对科技的接受度和对创新的应用能力。

公司选择提供的产品特性和服务能力，取决于所选择的目标市场。因此，无论健康、养老还是财富管理，公司必须先明确自身的发展方向，在确认目标市场之后，才能回答这个问题。

公司可以充分考虑市场和产品的吻合度，发展适合市场和场景的产品，加入产品特性与服务能力竞赛（不是价格），争取在长尾市场中的某细分市场成为赢家。

3. 金融保险公司该把自己的功能内建于联网产品，还是放置在云端？

这个问题取决于多种因素，例如，公司系统的响应时间，内部流程的自动化程度，互联网的便利性、可靠性和安全性，所嵌入联网产品的使用情况和使用者界面，所提供的服务与产品升级的频率等。

通常，金融监管对个人资料保护有要求，对联网业务也有特定标准，并且相关要求和标准会随着技术的进步不断提高。而每次更新换代，也会花费不小的成本。因此，倘若公司所收集的数据包含敏感信息和资料，考虑专业的第三方云端服务是一种选择。

因为嵌入别人的设备或服务中，和合作伙伴达成共识是必然的先决条件。至于资料保护和系统安全是基本要求，在此不再赘述。

> **本节思考重点**
>
> 1. 在传统和创新之间，如何不变成"零和游戏"？
> 2. 你如何考虑市场和产品吻合这件事？
> 3. 无论将你的产品放置于联网设备还是云端，有哪些必要的因素？

8.6 面对物联网世界，金融保险公司的策略选择 2

以下为策略 4～6。

4. 金融保险公司应该加入"开放式系统"还是"封闭式系统"的联网设备阵营？

从联网设备供应商的角度看，"封闭式系统"可以创造竞争优势，让公司掌控各部分细节，并让设计达到最佳；而"开放式系统"则可以加快 App 开发和系统迭代的速度。两者各有利弊，就看公司如何选择了。

这有点像 iPhone 的 iOS（封闭）和 Google 的 Android（开放），两者便朝着这样的方向在竞争。所以，站在金融保险的角度，我们可以想想如果自己是 App 开发者会选择加入哪个阵营，也可以选择都加入，只是看未来在运营上是否有能力做到了。

从长期来看，因为技术的进步，客户将越来越不喜欢有限的选择。如果封闭式的场景不够大，或无法解决选择受限的问题，那么采用封闭式的公司和阵营将来可能逐渐面临更多的挑战。

5. 金融保险公司应该自行开发物联网的全套能力与基础架构，还是外包？

所有的联网产品都依托于科技，需要完整的技术积累，面临的时间与成本都很惊人，而且每项技术都非常专业。

反观保险公司，在开发数字化产品使其嵌入联网设备的同时，自身的核心系统也面临迭代更新，必须尽快置换无法支持在线销售与服务的系统。

因此，我们应该避免陷入"全都要自建"的误区中。对金融保险公司而言，整个物联网生态链的组成，不只是商务合作，更是一场供需两端的技术合作。

倘若是保险公司，可以投入科技保险和保险科技领域，但毕竟它不是科技公司，其核心业务是保险。因此，通过第三方平台，双方采用 API 实现对接比较可行。

与核心系统一样，金融保险公司选择自建或外包，要先确认哪些技术可以为自己的产品知识、未来创新与竞争提供最好的机会，至于大宗产品或进步太快的技术，外包是比较合适的选择。

通常，金融保险公司会尽力维持内部具有强大开发能力的领域，包括产品设计、使用者界面、系统架构、数据分析、产品应用的开发与快速迭代等。无论如何，物联网时代所需要的技术能力与过去传统的核心系统将完全不同。

6. 金融保险公司应取得、保护、分析何种数据，才能让价值极大化？

金融保险公司可以考虑的方向是数据在以下领域的具体价值，包括客户的管理和服务、产品创造、生态建立、产品迭代更新，以及数据的收集时间、频次和保留时间等。

此外，数据的完整性、安全性和使用时的隐私风险，以及数据收集的相关成本等也应该考虑。

例如，保险公司与出租车公司合作开发乘客险，数据包括从乘客所用的App收集起止时间，以及通过GPS定位得到的起止位置，加上乘客提供的个人信息。

这些数据有助于出租车公司了解不同时间段客户的乘车情况，提前调度司机；也能帮助保险公司开发差异化和个性化的产品。当然，所有数据的收集和使用，都必须得到客户的同意。

本节思考重点

1. 你打算加入开放式还是封闭式阵营？为什么？

2. 面对自建与外包的选择，公司应该怎么取舍？

3. 你想做什么事？应该收集何种客户的资料？在取得资料后如何利用才能发挥效益？

8.7 面对物联网世界，金融保险公司的策略选择 3

以下为策略 7～10。

7. 金融保险公司该如何管理数据的所有权和使用权？

联网设备制造商拥有产品，但产品的相关数据是属于客户的，由客户授权后公司才可以使用这些数据。这与客户同意智能手机和 App 使用自己的数据十分相似。

对此，各个国家有不同的法律，对所有权也有不同解释。但因为物联网的影响将遍及全球，公司要建立相关规范，合约架构与机制将会陆续完善，各公司对联网设备的风险和个人资料保护及产品数据相关的智慧财产等问题也将建立共识。

无论哪个行业，数据管理都是其重要能力，因为数据的安全风险将随着联网设备的增加而持续扩大。无论公司还是个人，对互联网信息安全风险必将越来越重视。

8. 金融保险公司应该如何考虑商业模式？

一般来说，物联网产品有两类商业模式：

一是"产品即服务"，它使得产品性能提升、服务效率提升、运营成本下降，同时客户只有在使用的时候才需要付费；

二是"共享产品"，也就是共享经济，它让客户不再需要花大价钱，便可享受产品及产品带来的所有价值和服务。

想进入物联网世界，首先要考虑嵌入哪种商业模式，以及如何改造自己的产品，使其能与上述商业模式契合。针对此问题，我将在第 8.8 节和第 8.9 节进行详细说明。

9. 金融保险公司应该如何利用所获取的数据去增加收入，并借此开拓新事业？

公司不能以出售个别客户的数据来牟利，对于所收集的数据，包括有关购买行为、习惯、使用情况等，不带有个人敏感资料的脱敏数据，无论用于内部分析还是与外部合作，都要事前取得客户同意，从而避免陷入数据经营的风险。

以保险公司为例，无论个人客户还是团体客户，过去保险公司留存的多为和投保相关的数据，甚至因核保需要，所收集的财务、资产、健康等数据也没有放入系统中。现在，这种数据管理思维已经出现了问题：保险公司既无法了解自己的客户，也难以主动为客户提供服务。

进入物联网世界，数据的取得按照公司所选择的场景将变得多元丰富。通过这些数据，金融保险公司有机会在衣、食、住、行各方面，去分析、了解并预测客户的行为和习惯，进一步为客户提供更多生活场景保险。

10. 金融保险公司应该如何扩大经营范围？

因为产品系统与系统体系的出现，竞争的边界越来越模糊，参与物联网的公司需考虑不同的可经营范围，并且在做策略选择的时候将面临如下挑战。

（1）以经营场景为目的，目标是扩展到相关联网产品或系统体系的其他部分。

（2）以经营生态为目的，目标是支持自家平台，发挥资源整合效果，对外吸引更多相关服务提供商加入，对内连接从相关产品所获取的数据，并及时提供服务。

例如，以大健康为核心自建平台，除了自家产品，公司可以同时连接各类健康管理、健康服务的设备和提供商，为客户提供一站式解决方案。

以上 10 点供金融保险公司在面对物联网世界、面临策略选择时参考。所有公司必须先明确自己的价值主张。要注意的是，每种策略选择都涉及取舍，也彼此相关，公司需要考虑自身的独特性，以及未来发展的合理性和可持续性。

本节思考重点

1. 数据的所有权、使用权及信息安全，这些是合规法律问题还是营销问题？

2. 物联网有两大商业模式和无数的生态圈，你打算如何选择？为什么？是因为你有资源还是竞争利基？

3. 公司除了要避免陷入经营风险（错用数据），也要避免陷入无法经营的风险（没有数据）。面对这两种风险，你有什么解决方案？

4. 无论场景还是生态，各有其机会和风险，要如何选择，你想清楚了吗？

8.8　万物联网时代，金融保险业如何华丽转身？第 1 部分

过去五年，互联网金融和创新浪潮风起云涌，第三方支付启动得虽然比较早，但真正爆发是在 2013 年。当年，支付宝推出余额宝，创新的"余额理财"对传统基金业产生了重大影响。之后的互联网借贷，在短短两三年内便从"野蛮增长"到被纳入监管，互联网保险则是处于强势发展中。

我长年在保险业服务，其间也成立了互联网金融第三方平台，对互联网和保险之间的碰撞，以及互联网与保险的快速迭代有切身体会。

踏入互联网金融，我的感悟是应该坚持以金融保险为核心，只做对客户有价值的创新。互联网对未来可能产生什么影响？缺乏互联网"基因"的金融保险公司如何从中发掘商机？

本节不谈 O2O 或独立的第三方平台，而是从互联网角度看传统金融保险公司的机遇，探讨未来的发展路径。

物联网及其应用，早已进入我们的日常生活，以此为蓝图，我们一边勾勒对未来世界的想象，一边思考传统金融应该如何面对未来。

未来世界，将是客户自主的世界，它正在解构传统金融的价值链；同时，未来世界是不断涌现客户场景的世界，它带来基于大数据、人工智能、远程通信的许多新机会和新市场。

从个别独立的联网设备，到密切相关的产品组成的产品系统，再到连接不同产品系统组成的系统体系，理论上，物联网将带给我们一个智能生活的科技场景。

从传统金融保险的角度来看，如果我们可以从中发掘独特的商机，进而提供独一无二的产品和服务，那么将有利于找到全新的商业模式。

未来的互联网金融保险，不会是自我隔离的生态，而是整个物联网大生态的一部分。它的商业模式，除了自建，更多的机会在于"嵌入"物联网千变万化的两种主要商业模式："共享"和"产品即服务"。

以我们比较熟悉的共享经济为例，利用搭售或插件技术嵌入"共享+"的商业模式中，可以使缺少刚性需求和黏性的金融保险产品容易被客户接受。

此外，智能联网设备和共享经济带来的场景，将成为各种产险、寿险竞争的阵地。

物联网和大数据一旦进入生活、健康、家居、职场，将衍生出更多跨界的新平台、新商业模式。各类新平台和金融保险业的跨界合作，也是解决变现和盈利问题的新选择。

除了"共享"，物联网的另一个特色是"产品即服务"，基本原理是制造商保有产品的所有权，并负担产品运作与维护的成本；客户拥有完整的使用权，但只在使用的时候才付费，而不是一开始就付费。

物联网的这些特色和基本原理颠覆了传统金融保险。面对物联网时代，传统金融保险如何变革，才能满足新时代的需求？

若要嵌入"共享""产品即服务"两种商业模式，无论移动互联网还是物联网，所有运行在其上面的产品都要具备两个基本元素：

碎片化、场景化。因此，我们必须改造传统的金融保险产品。

针对车险以外的其他险种，我的办法是从"3P"，即产品形态（Product Type）、定价机制（Pricing Policy）、付费机制（Payment Mechanism）进行创新。

想从上述"3P"出发开发符合碎片化和场景化的金融保险产品，不能只是把互联网看成渠道，而是要站在客户的角度去颠覆传统的产品设计、定价、付费方式。

本节思考重点

1. 互联网对未来可能产生什么影响？缺乏互联网基因的金融保险如何从中发掘商机？

2. 物联网时代，能满足客户需求才是"王道"。

8.9 万物联网时代，金融保险业如何华丽转身？第 2 部分

至于选择什么金融保险产品，要看嵌入哪种场景、哪种共享经济体，它将是客户个人"订制化""客制化"的设计，而"个性化"和"差异化"会让产品之间的比较失去意义。

金融保险产品是虚拟产品，订制化的难点不在于发展新技术，

而在于转变旧观念，接受新的价值链，找到客户的服务需求痛点。

当然，整个运营后台，包括流程、系统等，需要重新梳理改造，才能产生灵活度高的互联网金融产品。

保险只要能和物联网无缝对接，用碎片化保险嵌入不同场景，便有机会创造互联网长尾对"共享"和"产品即服务"的需求。传统的保险产品是从保险公司的角度设计的，产品形态和定价机制是"保额定保费"，但这不是互联网世界想要的。

因为互联网用户重视自主体验，习惯零碎的消费行为，我从这个角度逆向思考，发现"保费定保额"可以让大多数保险做到真正碎片化。

"保费定保额"的意思就是"我有多少钱，就买多少保险"，一旦打通，保险责任（保障范围）、保险期限（保障什么时候开始、什么时候结束）的碎片化都不再是问题，甚至这些都可让客户自己决定。选择权将从保险公司对标准化产品的"是否承保"，转移到客户对个性化需求的"找谁投保"。

2014年之后，我们陆续开发了几款领先于市场的碎片化保险。面对当年刚起步的共享经济市场，我们推出了只保障乘客从上车到下车这段零碎期限的意外险，以及以"保费定保额"的防癌险，并获得了保险行业协会的肯定。

最后一个难点是付费机制，核心是如何满足互联网用户免费体验的消费习惯。以保障客户权益为重点，在目前的监管规定下找到融通的方法，是我们推出体验式保险的目的。

未来，物联网时代的金融保险产品将变得和消费品一样，拥有随手理、随意搭、随心转、随时买、随身带等特色，起购点低、产品多样、参与形式灵活，可满足大部分客户对理财和安全、健康保障的需求。

近几年,监管部门放开互联网投保限制,核准成立互联网保险公司、相互保险公司,积极推动建立与时俱进的管理制度。

回顾这段"野蛮增长"的发展过程,倘若没有政府主动"搭台"让各公司"唱戏",引领行业快速进入多元创新领域,我们又怎能看到今天的繁荣景象呢?

本节思考重点

除了"共享",物联网的另一个特色是"产品即服务"。用碎片化保险嵌入不同场景,便有机会创造互联网长尾对"共享"和"产品即服务"的需求。

第9章
大数据与客户

本章的重点不是介绍大数据，而是从行业角度发掘它的应用价值，例如客户管理、营销、新零售等。

要发掘大数据宝藏，我们先从各种生活场景去挖掘。

数据科学家面临的最大挑战不是技术，而是与现实世界的沟通。当数据流的上、中、下游出现问题时，我们要知道如何解决问题。

客户管理最重要的是让客户感受到温度。客户体验的核心是场景创造，并让客户有机会进行选择。

9.1 什么是大数据

首先，科普一下什么是大数据。简言之，大数据不仅仅是数量庞大，还具有五个特性，分别是大量性（Volume）、速度性（Velocity）、多样性（Variety）、价值性（Value）和真实性（Reality）。

大数据来源于生活，举例来说，把客户一天24小时的各种信息记录下来，在积累足够的信息以后，我们就可能找到其中的潜在规律，这就是大数据。

大数据可以干什么？数据分析可以帮助我们做出科学合理的决策，让我们不再像过去那样只能依靠经验、甚至直觉去做决定。

但是，这并不表示过去靠经验和直觉的方式没有价值或意义。其实当一家公司、一位高管做决策的时候，往往两者并用，甚至在很多关键时刻是靠经验和直觉去判断的。

大数据早就进入了人们的日常生活中。我们每天都在使用智能手机和各种 App，与此同时某公司可能正在收集、分析我们的信息，并且这些信息是我们默许分享出去的。

大数据是人工智能的基础，也是我们探索物联网、深度学习、机器学习不可或缺的。过去，大数据分析只能"看到"历史；以后，大数据搭配人工智能应用，可以让我们"看到"未来。

以前，数据分析应用很广泛的领域是数据库营销，它与大数据的差别在于，营销人员在日新月异的科技支持下，开始有能力去观察、分析整个消费过程，并尝试通过非消费过程所收集的行为数据，来预测客户的下次交易可能在何时何地发生。

不过，"人"和"人的行为"是不可能完全用数据量化的。大数据不是魔术，从"获客"到成交，分析技术能做的是提高转化的成功率。

因此，现在的大数据与过去的数据分析并没有本质差异，但因为硬件技术的进步和分析技术的提升，使得大数据可分析的范围更广、速度更快。

大数据就像采矿机，从过去被视为无用的过程数据中挖掘有价值的信息，从而达到降低成本的目的。我们把这个过程叫作"数据挖掘"（Data Mining）。

那些过去被视为垃圾的过程数据，现在竟然成了宝藏。产生这部分数据的地方叫作场景或情境，金融业希望通过这些场景取得数据，利用技术发现价值，于是就有了"场景金融"。

反过来，金融业所掌握的金融消费数据在过去不开放，不过，这个现象即将被改变。

2018年1月13日实施的《欧盟支付服务修订法案第二版（PSD2）》，规定银行必须开放客户金融消费数据给金融科技公司，打破了过去金融消费数据由银行垄断的局面。

开放这些数据，将对价值链上相关的领域包括人工智能、大数据、金融科技、智能医疗等产生非常积极的作用。

本节思考重点

1. 大数据是什么？大数据可以做什么？

2. 想采矿，得先知道矿在哪里，而互联网中的各种场景是大数据的宝藏。

9.2　大数据技术下的解构与重构

经营大数据像是在大海捕鱼，不是在池塘捞鱼。大数据便是大海，在这个大海中有各种各样的信息。大数据分析是"发现"这些信息背后意义的技术和工具，就像渔民到大海里捕鱼，用卫星导航系统定位一样。

所以，你所用的技术和工具越先进，成功捕到"鱼"的机会就越大。在找到大量的鱼以后，渔民会用渔网去捕鱼，这个过程很像产品营销的过程。

大数据提供的不是结果，而是可能的解决方案，最终还得靠人（船长）判断，通过实际运营人员（船员）去验证。少了对"大海""捕鱼"有深刻了解的"船长"和"船员"，这些技术和工具便无用武之地。

解构通常是为了解决痛点，既然原来的架构无法提供所需要的服务，那么唯有打破后重构，才可能产生不同的结果。

据我观察，重构有三个关键：一是平台，二是共享，三是行业。一旦平台把供需组织起来，以共享模式重构，便能颠覆原来习以为常的商业行为。然而，行业不同可能带来的重构结果也不同。例如金融保险业在高度监管下，重构还需结合实际情况。

把简单的事情复杂化，是为了探究细节，进而解构，不过这是过程而并非目的。真正的目的在于解构之后的重构，再次将事情简单化，并从中发现新的商机。

本节思考重点

1. 大数据是技术和工具，不是结果和目的。

2. 解构有脉络，重构的结果却可能不同，重构的三个关键是平台、共享、行业。

3. 金融为体，科技为用。

9.3 "新财富"之争

2017年,在新加坡举行的亚洲保险CEO高峰论坛中,英杰华集团亚太执行总裁Chris Wei表示,比起来自保险科技等新创公司的竞争,未来谷歌、脸书、微信、LINE等互联网平台才更是保险业真正的对手。

时至今日,不止一家保险公司的高层这么说。其中的原因是什么?因为这些互联网平台拥有更加多元的数据。

保险公司一面寻求新技术的加持,另一面正在转变过去只重视渠道的发展策略。保险公司面临的严峻问题是如何在激烈的竞争中,既能平稳过渡,又能掌握未来的趋势。

凡事都是知易行难,特别是当我们可能动了别人的奶酪时,来自既得利益者及传统思维的对抗,是所有创新和变革必须面对的。这时,寻求第三方的协助,从而建立和互联网世界沟通的桥梁,便是可以考虑的做法。

科技改变世界,它不只让我们发现过去所不曾知道的,还让我们可以看到不同形式的创新。

例如,过去百科全书的编撰基本上是由专家主导的,但现在维基百科不是由任何一个人创造的,而是由成千上万的人自动、自发地共同创造的。它不属于任何一个人,而是由互联网世界的每个人所共享。维基百科通过互联网、大数据、共享来重构传统的百科全书。

从解构到重构,会产生两种十分重要的变革:一是互联网自身的长尾效应,二是行业之间的水平跨界。长尾效应带来了分众、细分市场，打破了过去"唯大是美"的观念，大数据将作为工具，去发掘里面的商机；水平跨界带来了业务和行业定义的转变，大数据也将在模糊的边界和混沌的环境下，支持新业态崛起。

未来已来，大数据将在科技金融领域"大展身手"，世界经济论坛更是将大数据喻为"新财富"。

同时，大数据在市场营销、远程监控、金融生态等领域，结合物联网和人工智能，正在改变世界。

本节思考重点

1. 传统保险公司正面临哪些严峻的转型挑战？

2. 在价值链的解构和重构过程中，大数据的角色是什么？你所在的行业受到了哪些影响？为什么？

9.4 数据科学家的挑战不是技术，而是沟通

大数据可以帮助公司更好地理解市场、客户、业态、产品、趋势，进一步探索那些过去所不曾看到的蓝海。如果我们在大数据上还看不到机会，那么问题或许出在数据科学家身上。

与其他技术不同，数据科学家如果不能将来自大数据的发现应用在商业上，那么这个发现就没有价值。利用技术我们可以发现问题和

潜在的机会，但解决之道往往需要和其他人合作才能找到。

站在技术分析的角度，我们可以把数据库营销视为大数据在营销领域的早期应用。数据库和大数据的主要差异有两点：一是规模，很显然如果大数据是海洋，那么数据库便是池塘；二是类型，数据库的数据类型单一，以结构化数据为主，但大数据的数据类型繁多，有结构化、半结构化、非结构化。

2003年，我曾服务于一家全球领先的数据库营销公司。它的业务比较特殊，它为金融保险公司提供专业的数据库营销服务，并通过电销落地。

这家公司是介于拥有数据库的公司（例如银行信用卡中心、电信公司）和拥有产品与销售能力的公司（例如保险公司、保险销售公司）之间的平台公司。

该公司通过专业的数据分析筛选目标客户，并以此提升电销的产能、转化率等，进而为平台的合作方创造价值（一方是中间业务收入，另一方是保费收入）。同时，该公司和保险公司合作，开发差异化的电销产品，在竞争激烈的电销市场获得了一席之地。

这家公司以数据库营销为核心竞争力，总部的数据科学家运用各种分析和预测模型，协助前端的业务团队开拓平台两端的合作伙伴。

那时，我便深刻地认识到数据分析的力量，以及数据科学家和前端业务团队、客户之间顺畅沟通的重要性。销售团队即使已经有了数据库营销的基础，但因为从未见过它的落地应用，只能凭借自己的想象和客户沟通。"盲人摸象"的结果便是客户越发觉得云里雾里。

后来，我邀请这家公司具有市场经验的数据科学家为我们做专业简报，再通过我们销售团队"本地化、口语化"的营销，客户总算对数据库营销的价值有了初步认识，我们也得以顺利开展业务。

当时，那位数据科学家便对我说："数据科学家的挑战不是技术，而是如何与其他人沟通。数据科学家要把晦涩难懂的内容说明白，并与其他不懂数据的人共事。"

最后，让我们记住这句话：If data can't be explained to normal people in a normal way, it is as good as useless.（如果数据不能被以"平常"的方式向普通人解释清楚，那就和无用没有什么两样。）

本节思考重点

1. 从早期的数据库营销，看未来的大数据应用。
2. 大数据如果没有应用场景，便没有意义和价值。

9.5 数据流的管理

现在，只要是希望从外部市场获取可经营数据的公司，都面临成本越来越高的问题。在这种情况下，提升数据的产能便成为唯一的办法。

如果将数据流比作一条河,那么问题往往出现在三个地方:上游缺少优质数据来源,中游缺少数据过滤机制,下游缺少数据的使用管理。

与此同时,公司内部的各数据使用单位,可能出现数据定义没有统一标准、不能协同执行的情况,或是不站在客户角度,只站在公司立场,以销售结果为目的设计流程、准备配套措施。

大多数公司的数据处理仍然采用人工作业与系统操作并存的形式,距离真正实现以大数据为核心的发展愿景,还有很长的距离。

虽然不同的公司有不同的问题,但共性的经营痛点,可能有以下几个:

(1)由于外部优质数据的获取成本无法下降,在产能无法有效提升的情况下,难以为继。

(2)由于内部缺少对客户和数据的统一定义和分级管理,造成数据使用混乱、资源浪费和沟通内耗等问题。

(3)由于部门之间的横向沟通协调存在障碍,造成口径不一、工作重复和报表数据错误等问题。

(4)由于数据获取存在不确定性,理论上应该从需求反推资源,但实际上往往有落差,需要上、下游不间断地沟通协调。

面对上述痛点,公司可以考虑从以下几个方面进行改善:

(1)建立付费客户获取成本(Cost to Acquire Customers,CAC)与

客户终身价值（Life Time Value，LTV）或客户长期价值的管理指标。[①]各家公司对这些指标的定义不见得一样，在直接比较的时候需要注意。

（2）建立以"营销漏斗"为基础的统一定义和分级管理办法，将数据分为访客、潜在客户、客户、忠诚客户等，并规范相应的数据流转、接触策略、过滤机制、管理办法等。同样，各家公司的定义不一样，直接比较也没有太大意义。

（3）建立数据标准、数据管理办法和管理平台，以数据来驱动部门之间的交流，打破信息孤岛和沟通障碍。

（4）建立数据流程（客户是谁、从哪里来、到哪里去、什么时候接触、怎么接触）与销售流程（什么人去卖什么产品、卖给谁、怎么卖），并将两者串接，形成对整体数据流的管理。

本节思考重点

1. 数据流的上、中、下游可能出现什么问题？
2. 你公司的数据管理有什么痛点？可以怎么改善？
3. 为什么要建立 CAC 和 LTV 的管理指标？

[①] LTV 就是单一客户终其一生会付给我们的费用扣掉产品成本，也就是毛利。例如，一个客户一生只买了一次售价 500 元、成本 100 元的产品，那 LTV 就是 400 元；如果客户买了 5 次，那么 LTV 就是 2000（500×5-100×5）元。

CAC 是获取一个客户所花的平均费用。例如，客户在微信广告上投入 10000 元，在百度搜索广告上投入 20000 元，在营销人员薪酬上投入 50000 元，费用总共是 80000 元。在投入这些费用以后，一共产生 1000 个注册会员，最后有 200 人购买产品，那么 CAC 就是 400（80000÷200）元。

如果 LTV 大于 CAC，那么表示获取客户可以赚到钱；反之就是赔钱，而且客户越多赔得越多。

9.6 给客户打标签——客户分类与分级

在大数据时代,公司对客户的分类与分级管理非常重要。给客户打标签,对客户进行分类与分级,从而提供差异化服务,有助于公司提升外部竞争力。

对客户的分类与分级应该从"获客"时就开始考虑。

客户服务通常是指按照客户对公司的价值做分类与分级。对高价值的客户提供优先服务,对有特殊需求的客户提供定制服务。

为了提供服务,保险公司和银行正尝试将人工智能应用在电话客服(语音辨识机器人)和后台管理(流程机器人)等方面。这些技术一旦成熟,将进一步改变目前客户分类与分级的管理。

客户分类与分级的设计,反映了公司文化,它既是客户管理的基础,又和日常工作息息相关。

在设计客户分类与分级时,除了与时俱进的工具,我们还应该考虑方法上的合理性及日后推广的有效性。以下是几个简单的设计原则。

1. 要站在客户的角度

客户的分类与分级,最好同时考虑对外、对内两重意义。对外应该简单明了,分类以三个档次为宜;对内则应该根据目的进行更加细致的分类。

2. 要让客户理解

在进行客户分类的时候,有些公司坚持使用产品的"内涵价值"标准,即不同产品用特定系数折标后再制定标准。试问,客户能够理解吗?同样的逻辑思维,在设计分级和设计不同级别的升降标准时也适用。

例如,若以寿险年缴保费达到10000元为标准,同样的标准要是对应到车险和意外健康险上,则可能变成30000元和8000元。面对这种公司认为的"公平"方法,客户只看到自己支付一样的保费,却得到不同的待遇。

这时或许多加一项"保费转赠积分",将产品的"内涵价值"以不同的积分形式体现,便能使客户的目光从保费转移到积分,然后再通过积分高低给予客户不同权益和对应级别,这样客户就会更容易接受。

3. 要关注客户的长期价值

很多公司坚持使用产品的"内涵价值"标准,很大程度上是因为他们把客户的每次购买都当成独立事件,把每次的成功销售都当成最后一次。

反之,如果我们把每次购买都当成连续事件中的一环,把每次的成功销售都当成下一次销售的机会,那么自然会看到客户的长期价值。

"内涵价值"比较适用于内部分析、评估制定个性化服务标准、将免费客户转化为付费客户等方面。

积分是维系客户关系的工具,积分有许多好处。例如,会员多次参与活动,在累积一定积分以后,公司可以主动为其提供相应等级的服务，以促使其最终转化为真正的客户。要想做到这一点，就要学会在每次和客户的互动中给客户打上标签。

本节思考重点

1. 大数据时代，客户的分类与分级，从技术的角度看，是困难还是容易了？从管理的角度看，是复杂还是简单了？

2. 对客户的分类与分级，当今公司普遍存在不能站在客户立场、只关注客户的短期价值等问题。你的公司"中枪"了吗？

9.7 有温度的客户管理

汇丰银行有一家设在英国的附属银行 First Direct，一开始是电话银行，后来变身为 24 小时全年无休的互联网银行。

过去四年，First Direct 在英国连续赢得年度金融服务奖，其客户流失率远远低于其他银行，对客户的服务也体现了其文化和价值主张。

每当客户打来电话时，First Direct 能够做到在电话铃声响到第三声前就让客户听到真人的声音，而不是录音或机器的声音。

服务反映了公司的文化和价值主张，这会成为客户是否青睐的重要因素。所以，我觉得有温度的客户管理是关键。

互联网、移动设备、App 重新定义了各行各业，也赋予了客户管理新的面貌。基于大数据的客户分类与分级，为日后的客户管理和客户经营打下了基础。

与客户相关的管理活动，包括客户服务和客户满意度，有两个目的：一是获取新客户，二是维系老客户。唯有以这两个目的为基础，公司对客户管理的规划才有意义。

客户管理应该以客户为中心，它是立体化的系统工程。这项系统工程建立在三个维度上，分别是宽度（客户的接触点）、深度（客户的二次开发）、长度（客户的长期价值）。

1. 宽度（客户的接触点）

对来自实体和虚拟渠道的不同产品线和接触点的新客户进行梳理，这个阶段以优化客户体验为主，强调的是客户服务管理。

此时，要完善客户信息基础库的功能，例如，优化统计分析、报表功能；提升前端客户信息的完整性、准确性；促进客户信息基础代码标准化等。

同时，针对客户接触点，公司要提供合适的服务，例如，通过客户体验和满意度调查与监控机制，了解客户的感受和服务的落实情况。

2. 深度（客户的二次开发）

在新客户进来后，公司要考虑如何通过有效的信息管理，结合营销服务活动，让各业务部门有序地进行客户二次开发。该阶段以服务带动销售、增强客户黏性为主，强调的是客户信息管理。

此时，公司可以着手客户分类与分级管理，并建立相关配套措施，实施科学化、差异化的客户管理，通过大数据支持营销推广和交叉销售；同时，进一步完善客户信息管理，包括数据的集中管理和交叉使用、资料安全管控、资料管理系统开发；此外，对客户资料进行监督和考核管理也是重点工作。

3. 长度（客户的长期价值）

在客户的黏性逐步加强后，公司需要重点考虑如何通过增值服务、商品链进一步与客户建立多重、长期甚至终生的价值伙伴关系。这个阶段以培养长期客户为主，通过分析技术挖掘客户的长期价值，强调的是客户价值管理。

公司可以多开发对客户有价值的增值服务及加强相关基础平台的建设，例如积分商城、团购频道等。同时，开展客户增值服务的目的是培养客户忠诚度，进而挖掘客户的长期价值。

本节思考重点

1. 你认为有温度的客户管理是什么？你想让客户感受到什么样的温度？

2. 面对客户管理的宽度、深度、长度，我们分别可以做什么？

9.8 触动人心的服务体验

想把粉丝转化为客户，把客户转化为忠诚客户，服务体验是关键。对于那些来自不同场景的粉丝，首先我们得设法让他们活跃起来，进而变成我们的客户。有趣的交流活动、触动人心的内容营销，都是成功的关键。

提升服务体验有以下要点。

1. 站在客户的立场想问题、寻找解决方法

很多公司习惯把客户挂在嘴边，而不是把客户真正放在心里，不能站在客户的立场想问题、寻找解决方法。这些公司的服务架构与流程，是以自身管理的要求来设计的，所以可能无法提供让客户满意的服务，为客户创造的价值也非常有限。

知名火锅店海底捞，其服务向来为人称道。2017年年底，海底捞推出了一个让人意外的活动：用餐客户可以自备食物或酒水，并且不收取额外费用。海底捞打破了市场惯例，通过意料之外的服务优化体验，进一步提升了自己的形象。

2. 把选择权交还给客户

本来客户应该有权选择在什么时候、什么地点、以什么方式接受什么样的服务。但现在很多公司反其道而行之，特别是传统的保险公司，所以我们要把选择权"交还"给客户，而不是"交"给客户。

保险公司长期以来一直依赖中间渠道为客户提供服务。业务员背负着公司和客户的信任，替公司为客户规划风险保障。金融科技的去中间化和信息透明等特点，弱化了业务员的简单代理功能，同时强化了对专业财务顾问的需求。

选择权和主导权已开始转移，能够提供更好的客户体验的保险公司和业务员，才有机会获得客户的青睐。

3. 让客户有"赚到"的感觉

小恩小惠、只送不卖，或在同样的价格下让客户有"赚到"的感觉，这些都利用了消费心理，与产品和服务的设计有关，与定价策略也有关。

例如，海外急难救助服务，这本是一种有成本的服务，目前几乎是各大保险公司的"标配"。当年第一家推出这项服务的保险公司，无论出于什么原因，很聪明地没有向客户额外收费，让客户有"赚到"的感觉，结果大受市场的欢迎。

本节思考重点

1. 你觉得海底捞的做法有哪些可以借鉴的地方？

2. 针对提升服务体验的 3 个要点，你认为最重要的是哪个？为什么？

未经许可，不得以任何方式复制或抄袭本书之部分或全部内容。
版权所有，侵权必究。

图书在版编目（CIP）数据

解密新保险：从人海战术到物联网金融 / 连子智著. —北京：电子工业出版社，2020.4
（数字化生活. 新经济）
ISBN 978-7-121-38376-2

Ⅰ.①解⋯　Ⅱ.①连⋯　Ⅲ.①保险学—通俗读物　Ⅳ.①F840-49

中国版本图书馆 CIP 数据核字（2020）第 021936 号

责任编辑：黄　菲　　文字编辑：刘　甜　　特约编辑：白俊红
印　　刷：三河市鑫金马印装有限公司
装　　订：三河市鑫金马印装有限公司
出版发行：电子工业出版社
　　　　　北京市海淀区万寿路 173 信箱　　邮编：100036
开　　本：720×1 000　1/16　印张：14.25　字数：216 千字
版　　次：2020 年 4 月第 1 版
印　　次：2020 年 4 月第 1 次印刷
定　　价：68.00 元

凡所购买电子工业出版社图书有缺损问题，请向购买书店调换。若书店售缺，请与本社发行部联系，联系及邮购电话：(010) 88254888，88258888。
质量投诉请发邮件至 zlts@phei.com.cn，盗版侵权举报请发邮件至 dbqq@phei.com.cn。
本书咨询联系方式：1024004410（QQ）。